행복을 부르는
법화경 사경 2

행복을 부르는 법화경 사경 2

혜조 惠照 譯

운주사

| 묘법연화경 제一권 | 제1 서품 | 9 |
| 묘법연화경 제一권 | 제2 방편품 | 111 |

| 묘법연화경 제二권 | 제3 비유품 | 7 |
| 묘법연화경 제二권 | 제4 신해품 | 170 |

묘법연화경 제三권	제5 약초유품	7
묘법연화경 제三권	제6 수기품	49
묘법연화경 제三권	제7 화성유품	95

묘법연화경 제四권	제8 오백제자수기품	7
묘법연화경 제四권	제9 수학무학인기품	64
묘법연화경 제四권	제10 법사품	95
묘법연화경 제四권	제11 견보탑품	148
묘법연화경 제四권	제12 제바달다품	213
묘법연화경 제四권	제13 권지품	256

묘법연화경 제五권	제14 안락행품	7
묘법연화경 제五권	제15 종지용출품	87
묘법연화경 제五권	제16 여래수량품	155
묘법연화경 제五권	제17 분별공덕품	205

묘법연화경 제六권	제18 수희공덕품	7
묘법연화경 제六권	제19 법사공덕품	39
묘법연화경 제六권	제20 상불경보살품	113
묘법연화경 제六권	제21 여래신력품	150
묘법연화경 제六권	제22 촉루품	178
묘법연화경 제六권	제23 약왕보살본사품	190

묘법연화경 제七권	제24 묘음보살품	7
묘법연화경 제七권	제25 관세음보살보문품	58
묘법연화경 제七권	제26 다라니품	108
묘법연화경 제七권	제27 묘장엄왕본사품	139
묘법연화경 제七권	제28 보현보살권발품	181

제	삼		비	유	품
第	三		譬	喩	品
차례 제	석 삼		비유할 비	비유할 유	가지 품

이	시		사	리	불		용	약	환
爾	時		舍	利	弗		踊	躍	歡
그 이	때 시		집 사	이로울 리	아닐 불		뛸 용	뛸 약	기쁠 환

희		즉	기	합	장		첨	앙	존
喜		卽	起	合	掌		瞻	仰	尊
기쁠 희		곧 즉	일어날 기	합할 합	손바닥 장		볼 첨	우러를 앙	높을 존

안		이	백	불	언		금	종	세
顔		而	白	佛	言		今	從	世
얼굴 안		말이을 이	사뢸 백	부처 불	말씀 언		이제 금	좇을 종	세상 세

존		문	차	법	음		심	회	용
尊		聞	此	法	音		心	懷	踊
높을 존		들을 문	이 차	법 법	소리 음		마음 심	품을 회	뛸 용

제3 비유품

그때에 사리불이 뛸 듯이 기뻐하며 즉시 일어나 합장하고,
부처님의 거룩하신 얼굴을 우러르며 사뢰었다.
"저는 지금 세존으로부터 이 법음을 듣고, 마음이 뛸 듯이 기뻐

약		득	미	증	유		소	이	자
躍		得	未	曾	有		所	以	者
뛸 약		얻을 득	아닐 미	일찍 증	있을 유		바 소	써 이	놈 자

하		아	석	종	불		문	여	시
何		我	昔	從	佛		聞	如	是
어찌 하		나 아	옛 석	좇을 종	부처 불		들을 문	같을 여	이 시

법		견	제	보	살		수	기	작
法		見	諸	菩	薩		授	記	作
법 법		볼 견	모든 제	보리 보	보살 살		줄 수	기록할 기	지을 작

불		이	아	등			불	예	사	사
佛		而	我	等			不	預	斯	事
부처 불		말이을 이	나 아	무리 등			아닐 불	참여할 예	이 사	일 사

심	자	감	상		실	어	여	래
甚	自	感	傷		失	於	如	來
심할 심	스스로 자	느낄 감	아플 상		잃을 실	어조사 어	같을 여	올 래

> 일찍이 없던 희유함을 느끼옵니다. 왜냐하면 사실
> 저는 예전에 부처님으로부터 이와 같은 법을 들었나이다.
> 그래서 모든 보살들이 성불하리라 수기 받는 광경을 다 보았었나이다.
> 그런데 저희들은 그 일에 참여하지 못하여, 여래의

무	량	지	견		세	존		아	상
無	量	知	見		世	尊		我	常
없을 무	헤아릴 량	알 지	볼 견		세상 세	높을 존		나 아	항상 상

독	처		산	림	수	하		약	좌
獨	處		山	林	樹	下		若	坐
홀로 독	곳 처		뫼 산	수풀 림	나무 수	아래 하		만약 약	앉을 좌

약	행		매	작	시	념		아	등
若	行		每	作	是	念		我	等
만약 약	갈 행		매양 매	지을 작	이 시	생각 념		나 아	무리 등

동	입	법	성		운	하	여	래
同	入	法	性		云	何	如	來
한가지 동	들 입	법 법	성품 성		이를 운	어찌 하	같을 여	올 래

이	소	승	법		이	견	제	도
以	小	乘	法		而	見	濟	度
써 이	작을 소	탈 승	법 법		말이을 이	볼 견	건널 제	건널 도

한량없는 지혜를 잃었다고 스스로 몹시 슬퍼했었나이다.
세존이시여! 그래서 저는 항상 홀로 숲 속의 나무 아래에서 앉거나 거닐면서
매양 생각하기를, '우리들도 똑같이 법의 성품에 들었거늘,
어찌하여 여래께서는 소승법으로써 제도하시는가?' 하였나이다.

시	아	등	구		비	세	존	야
是	我	等	咎		非	世	尊	也
이 시	나 아	무리 등	허물 구		아닐 비	세상 세	높을 존	어조사 야

소	이	자	하		약	아	등		대
所	以	者	何		若	我	等		待
바 소	써 이	놈 자	어찌 하		만약 약	나 아	무리 등		기다릴 대

설	소	인		성	취	아	뇩	다	라
說	所	因		成	就	阿	耨	多	羅
말씀 설	바 소	인할 인		이룰 성	이룰 취	언덕 아	김맬 누(뇩)	많을 다	새그물 라

삼	먁	삼	보	리	자		필	이	대
三	藐	三	菩	提	者		必	以	大
석 삼	아득할 먁(막)	석 삼	보리 보	끌 제(리)	놈 자		반드시 필	써 이	큰 대

승		이	득	도	탈		연	아	등
乘		而	得	度	脫		然	我	等
탈 승		말이을 이	얻을 득	건널 도	벗을 탈		그러할 연	나 아	무리 등

그렇지만 그것은 저희들의 허물이요 세존의 탓이 아닙니다.
왜냐하면 만약 저희들이 부처님께서 아뇩다라삼먁삼보리를
성취하는 인연에 대해 말씀하실 때까지 기다렸더라면, 반드시
대승으로써 제도 해탈되었을 것이기 때문입니다. 그런데 저희들은

불	해	방	편		수	의	소	설
不	解	方	便		隨	宜	所	說
아닐 불	풀 해	처방 방	편할 편		따를 수	마땅할 의	바 소	말씀 설

초	문	불	법		우	변	신	수
初	聞	佛	法		遇	便	信	受
처음 초	들을 문	부처 불	법 법		만날 우	문득 변	믿을 신	받을 수

사	유	취	증		세	존		아	종
思	惟	取	證		世	尊		我	從
생각할 사	생각할 유	취할 취	증득할 증		세상 세	높을 존		나 아	좇을 종

석	래		종	일	경	야		매	자
昔	來		終	日	竟	夜		每	自
옛 석	올 래		마칠 종	날 일	다할 경	밤 야		매양 매	스스로 자

극	책		이	금	종	불		문	소
剋	責		而	今	從	佛		聞	所
이길 극	꾸짖을 책		말 이을 이	이제 금	좇을 종	부처 불		들을 문	바 소

> 방편으로 부처님께서 근기에 맞게 말씀하신 줄을 알지 못하고,
> 처음 부처님 법문을 듣자마자 곧 믿고 받아들여
> 증득했다고 여겼던 것입니다. 세존이시여! 제가 그때부터 지금까지
> 밤낮으로 항상 자책하면서 마음 아파했는데, 이제 부처님으로부터

미	문		미	증	유	법		단	제
未	聞		未	曾	有	法		斷	諸
아닐 미	들을 문		아닐 미	일찍 증	있을 유	법 법		끊을 단	모든 제

의	회		신	의	태	연		쾌	득
疑	悔		身	意	泰	然		快	得
의심할 의	뉘우칠 회		몸 신	뜻 의	클 태	그러할 연		쾌할 쾌	얻을 득

안	은		금	일	내	지		진	시
安	隱		今	日	乃	知		眞	是
편안할 안	편안할 은		이제 금	날 일	이에 내	알 지		참 진	이 시

불	자		종	불	구	생		종	법
佛	子		從	佛	口	生		從	法
부처 불	아들 자		좇을 종	부처 불	입 구	날 생		좇을 종	법 법

화	생		득	불	법	분		이	시
化	生		得	佛	法	分		爾	時
화할 화	날 생		얻을 득	부처 불	법 법	나눌 분		그 이	때 시

일찍이 듣지 못했던 가르침을 듣고 나니 모든 의심이 끊어져서
몸도 마음도 태연하며 편안해졌나이다. 저희들은 오늘에야
진정한 부처님의 아들이요 부처님의 입으로부터 태어났으며,
법으로부터 화생하여 불법의 몫을 얻게 되었음을 알겠나이다." 그때

사	리	불		욕	중	선	차	의
舍	利	弗		欲	重	宣	此	義
집 사	이로울 리	아닐 불		하고자할 욕	거듭할 중	베풀 선	이 차	의미 의

이	설	게	언		아	문	시	법	음
而	說	偈	言		我	聞	是	法	音
말이을 이	말씀 설	게송 게	말씀 언		나 아	들을 문	이 시	법 법	소리 음

득	소	미	증	유		심	회	대	환
得	所	未	曾	有		心	懷	大	歡
얻을 득	바 소	아닐 미	일찍 증	있을 유		마음 심	품을 회	큰 대	기쁠 환

희		의	망	개	이	제		석	래
喜		疑	網	皆	已	除		昔	來
기쁠 희		의심할 의	그물 망	다 개	이미 이	제할 제		옛 석	올 래

몽	불	교		불	실	어	대	승
蒙	佛	敎		不	失	於	大	乘
입을 몽	부처 불	가르침 교		아닐 불	잃을 실	어조사 어	큰 대	탈 승

사리불이 거듭 의미를 표현하고자 게송으로 사뢰었다.
　　　　저는 부처님 법음 듣고 일찍이 없던 희유함을 느꼈으며
　　　　마음 크게 환희하여 의심이 다 사라졌나이다.
　　　　옛적부터 부처님의 가르침을 입어 대승의 가르침을 잃지는 않았나니,

불	음	심	희	유		능	제	중	생
佛	音	甚	希	有		能	除	衆	生
부처 불	소리 음	심할 심	드물 희	있을 유		능할 능	제할 제	무리 중	날 생

뇌		아	이	득	누	진		문	역
惱		我	己	得	漏	盡		聞	亦
괴로워할 뇌		나 아	이미 이	얻을 득	샐 누	다할 진		들을 문	또 역

제	우	뇌		아	처	어	산	곡
除	憂	惱		我	處	於	山	谷
제할 제	근심할 우	괴로워할 뇌		나 아	곳 처	어조사 어	뫼 산	골 곡

혹	재	수	림	하		약	좌	약	경
或	在	樹	林	下		若	坐	若	經
혹 혹	있을 재	나무 수	수풀 림	아래 하		만약 약	앉을 좌	만약 약	지날 경

행		상	사	유	시	사		오	호
行		常	思	惟	是	事		嗚	呼
갈 행		항상 상	생각할 사	생각할 유	이 시	일 사		탄식소리 오	부를 호

> 부처님 말씀 매우 희유하사 능히 중생들의 번뇌를 제거해 주시나이다.
> 제가 이미 번뇌를 다했다고는 했지만 법문을 듣고 나서야 정말로 근심걱정 없앴나이다.
> 제가 산골짜기에 있거나 혹은 숲 속의 나무 아래에서
> 앉든지 거닐든지 항상 지난 일을 생각하고는 탄식하여

심	자	책		운	하	이	자	기
深	自	責		云	何	而	自	欺
깊을 심	스스로 자	꾸짖을 책		이를 운	어찌 하	말이을 이	스스로 자	속일 기

아	등	역	불	자		동	입	무	루
我	等	亦	佛	子		同	入	無	漏
나 아	무리 등	또 역	부처 불	아들 자		한가지 동	들 입	없을 무	샐 루

법		불	능	어	미	래		연	설
法		不	能	於	未	來		演	說
법 법		아닐 불	능할 능	어조사 어	아닐 미	올 래		펼 연	말씀 설

무	상	도		금	색	삼	십	이
無	上	道		金	色	三	十	二
없을 무	위 상	길 도		쇠 금	빛 색	석 삼	열 십	두 이

십	력	제	해	탈		동	공	일	법
十	力	諸	解	脫		同	共	一	法
열 십	힘 력	모든 제	풀 해	벗을 탈		한가지 동	함께 공	한 일	법 법

스스로 깊이 꾸짖기를, '내가 왜 스스로 속았던가?
우리도 또한 부처님의 아들로 보살들과 똑같이 무루법에 들었건만
미래에 능히 위없이 높은 진리를 연설할 수 없으며, 더욱이 금색신의
삼십이상과 십력과 모든 해탈문이 똑같이 동일한 법 가운데 있건만

중		이	부	득	차	사		팔	십
中		而	不	得	此	事		八	十
가운데 중		말이을 이	아닐 부	얻을 득	이 차	일 사		여덟 팔	열 십

종	묘	호		십	팔	불	공	법
種	妙	好		十	八	不	共	法
종류 종	묘할 묘	좋을 호		열 십	여덟 팔	아닐 불	함께 공	법 법

여	시	등	공	덕		이	아	개	이
如	是	等	功	德		而	我	皆	已
같을 여	이 시	무리 등	공 공	덕 덕		말이을 이	나 아	다 개	이미 이

실		아	독	경	행	시		견	불
失		我	獨	經	行	時		見	佛
잃을 실		나 아	홀로 독	지날 경	갈 행	때 시		볼 견	부처 불

재	대	중		명	문	만	시	방
在	大	衆		名	聞	滿	十	方
있을 재	큰 대	무리 중		이름 명	들을 문	찰 만	열 십(시)	방위 방

그것을 얻지 못하다니….
또 팔십 가지 미묘한 상호와 부처님만 지닌 열여덟 가지 특성 등
이와 같은 여러 공덕들을 내가 다 놓치다니 참으로 애석하구나!'
제가 혼자 거닐 때에 부처님께서 대중 속에 계시며 명성이 시방에 퍼져

광	요	익	중	생		자	유	실	차
廣	饒	益	衆	生		自	惟	失	此
넓을 광	넉넉할 요	더할 익	무리 중	날 생		스스로 자	생각할 유	잃을 실	이 차

리		아	위	자	기	광		아	상
利		我	爲	自	欺	誑		我	常
이로울 리		나 아	할 위	스스로 자	속일 기	속일 광		나 아	항상 상

어	일	야		매	사	유	시	사	
於	日	夜		每	思	惟	是	事	
어조사 어	날 일	밤 야		매양 매	생각할 사	생각할 유	이 시	일 사	

욕	이	문	세	존		위	실	위	불
欲	以	問	世	尊		爲	失	爲	不
하고자할 욕	써 이	물을 문	세상 세	높을 존		할 위	잃을 실	할 위	아닐 불

실		아	상	견	세	존		칭	찬
失		我	常	見	世	尊		稱	讚
잃을 실		나 아	항상 상	볼 견	세상 세	높을 존		일컬을 칭	칭찬할 찬

널리 중생들을 이익케 하시는 걸 보고는, 혼자 생각하되, '이런 이익을
놓치게 된 것은 내 스스로 나를 속인 탓이로다.' 밤낮으로 매양 이 일만 사무쳤나이다.
그래서 부처님 세존께 '정말 이런 공덕들을 잃어버린 것입니까?
아니면 아직 잃지 않았습니까?' 하고 여쭙고 싶었나이다. 저는 항상 세존께서

제	보	살		이	시	어	일	야
諸	菩	薩		以	是	於	日	夜
모든 제	보리 보	보살 살		써 이	이 시	어조사 어	날 일	밤 야

주	량	여	차	사		금	문	불	음
籌	量	如	此	事		今	聞	佛	音
셈놓을 주	헤아릴 량	같을 여	이 차	일 사		이제 금	들을 문	부처 불	소리 음

성		수	의	이	설	법		무	루
聲		隨	宜	而	說	法		無	漏
소리 성		따를 수	마땅할 의	말이을 이	말씀 설	법 법		없을 무	샐 루

난	사	의		영	중	지	도	량
難	思	議		令	衆	至	道	場
어려울 난	생각할 사	의논할 의		하여금 영	무리 중	이를 지	길 도	마당 장(량)

아	본	착	사	견		위	제	범	지
我	本	著	邪	見		爲	諸	梵	志
나 아	근본 본	잡을 착	간사할 사	볼 견		할 위	모든 제	깨끗할 범	뜻 지

모든 보살들 칭찬하시는 것을 보고 그로써 밤낮으로 더욱 그와 같은 일만
골똘히 되씹었거늘, 이제 부처님 말씀 듣건대 근기에 맞게 설법하시어 번뇌 없으며
상상을 초월한 뛰어난 지혜로 중생들을 깨달음의 도량에 이르게 하시나이다.
저는 본래 사견에 집착하여 모든 외도 범지의 스승이 되었었는데

사		세	존	지	아	심		발	사
師		世	尊	知	我	心		拔	邪
스승사		세상세	높을존	알지	나아	마음심		뺄발	간사할사

설	열	반		아	실	제	사	견
說	涅	槃		我	悉	除	邪	見
말씀설	개흙열	쟁반반		나아	다실	제할제	간사할사	볼견

어	공	법	득	증		이	시	심	자
於	空	法	得	證		爾	時	心	自
어조사어	빌공	법법	얻을득	증득할증		그이	때시	마음심	스스로자

위		득	지	어	멸	도		이	금
謂		得	至	於	滅	度		而	今
이를위		얻을득	이를지	어조사어	멸할멸	건널도		말이을이	이제금

내	자	각		비	시	실	멸	도
乃	自	覺		非	是	實	滅	度
이에내	스스로자	깨달을각		아닐비	이시	진실실	멸할멸	건널도

세존께서 저의 마음을 아시고 삿됨을 뽑아 열반을 설해주시니,
제가 삿된 소견 없애고 공한 법 증득하여 그때 마음으로
혼자 생각하기를 '나도 열반을 얻었도다' 했으나, 하지만 이제
스스로 깨닫고 보니 그것은 참된 열반이 아니었나이다.

약	득	작	불	시		구	삼	십	이
若	得	作	佛	時		具	三	十	二
만약 약	얻을 득	지을 작	부처 불	때 시		갖출 구	석 삼	열 십	두 이

상		천	인	야	차	중		용	신
相		天	人	夜	叉	衆		龍	神
모양 상		하늘 천	사람 인	밤 야	깍지낄 차	무리 중		용 용	귀신 신

등	공	경		시	시	내	가	위	
等	恭	敬		是	時	乃	可	謂	
무리 등	공손할 공	공경할 경		이 시	때 시	이에 내	가히 가	이를 위	

영	진	멸	무	여		불	어	대	중
永	盡	滅	無	餘		佛	於	大	衆
길 영	다할 진	멸할 멸	없을 무	남을 여		부처 불	어조사 어	큰 대	무리 중

중		설	아	당	작	불		문	여
中		說	我	當	作	佛		聞	如
가운데 중		말씀 설	나 아	마땅히 당	지을 작	부처 불		들을 문	같을 여

> 만일 부처님 되었다면 삼십이상 구족하고 하늘천신과
> 사람과 야차 무리 용과 귀신들이 다함께 공경하리니
> 그때서야 '영원히 다 없어진 완전한 열반'이라 하겠나이다.
> 부처님께서 대중 가운데 제가 미래에 성불할 것이라 말씀하셨는데,

시	법	음		의	회	실	이	제
是	法	音		疑	悔	悉	已	除
이 시	법 법	소리 음		의심할 의	뉘우칠 회	다 실	이미 이	제할 제

초	문	불	소	설		심	중	대	경
初	聞	佛	所	說		心	中	大	驚
처음 초	들을 문	부처 불	바 소	말씀 설		마음 심	가운데 중	큰 대	놀랄 경

의		장	비	마	작	불		뇌	란
疑		將	非	魔	作	佛		惱	亂
의심할 의		장차 장	아닐 비	마귀 마	지을 작	부처 불		괴롭힐 뇌	어지러울 란

아	심	야		불	이	종	종	연
我	心	耶		佛	以	種	種	緣
나 아	마음 심	어조사 야		부처 불	써 이	종류 종	종류 종	인연 연

비	유	교	언	설		기	심	안	여
譬	喩	巧	言	說		其	心	安	如
비유할 비	비유할 유	공교할 교	말씀 언	말씀 설		그 기	마음 심	편안할 안	같을 여

사실 그와 같은 법음을 듣고서야 의심과 망설임이 다 없어졌나이다.
처음엔 부처님 말씀 듣고 마음속으로 크게 놀라 의심하되, '아마도 마구니가
부처님으로 변해서 나의 마음을 어지럽히는 게 아닐까?' 그러나 부처님께서
여러 가지 인연과 비유와 조리 있는 말씀으로 가르쳐주시니, 마음이 바다처럼 편안하여

해		아	문	의	망	단		불	설
海		我	聞	疑	網	斷		佛	說
바다 해		나 아	들을 문	의심할 의	그물 망	끊을 단		부처 불	말씀 설

과	거	세		무	량	멸	도	불
過	去	世		無	量	滅	度	佛
지날 과	갈 거	세상 세		없을 무	헤아릴 량	멸할 멸	건널 도	부처 불

안	주	방	편	중		역	개	설	시
安	住	方	便	中		亦	皆	說	是
편안할 안	머물 주	처방 방	편할 편	가운데 중		또 역	다 개	말씀 설	이 시

법		현	재	미	래	불		기	수
法		現	在	未	來	佛		其	數
법 법		지금 현	있을 재	아닐 미	올 래	부처 불		그 기	셀 수

무	유	량		역	이	제	방	편
無	有	量		亦	以	諸	方	便
없을 무	있을 유	헤아릴 량		또 역	써 이	모든 제	처방 방	편할 편

설명 듣고는 의심 덩어리 다 사라졌나이다.
부처님께서 말씀하시기를, '지난 세상 열반하셨던 한량없는 부처님들도
방편 가운데 편안히 머무시어 또한 모두 이 실상법을 설하셨으며,
현재와 미래의 부처님들도 그 수효가 한량없으시나 역시 여러 방편으로써

연	설	여	시	법		여	금	자	세
演	說	如	是	法		如	今	者	世
펼 연	말씀 설	같을 여	이 시	법 법		같을 여	이제 금	놈 자	세상 세

존		종	생	급	출	가		득	도
尊		從	生	及	出	家		得	道
높을 존		좇을 종	날 생	및 급	날 출	집 가		얻을 득	길 도

전	법	륜		역	이	방	편	설
轉	法	輪		亦	以	方	便	說
구를 전	법 법	바퀴 륜		또 역	써 이	처방 방	편할 편	말씀 설

세	존	설	실	도		파	순	무	차
世	尊	說	實	道		波	旬	無	此
세상 세	높을 존	말씀 설	진실 실	길 도		물결 파	열흘 순	없을 무	이 차

사		이	시	아	정	지		비	시
事		以	是	我	定	知		非	是
일 사		써 이	이 시	나 아	정할 정	알 지		아닐 비	이 시

이와 같은 일승법을 설하시도다.' 마찬가지로 지금 세존께서도
탄생으로부터 출가하시어 도를 얻고 법륜을 굴리심에
또한 방편으로써 설하셨다 하시니, 세존께서는 실상의 진리를 설하시되
악마 파순은 설할 수가 없나이다. 이로써 분명히

마	작	불		아	타	의	망	고
魔	作	佛		我	墮	疑	網	故
마귀 마	지을 작	부처 불		나 아	떨어질 타	의심할 의	그물 망	연고 고

위	시	마	소	위		문	불	유	연
謂	是	魔	所	爲		聞	佛	柔	軟
이를 위	이 시	마귀 마	바 소	할 위		들을 문	부처 불	부드러울 유	연할 연

음		심	원	심	미	묘		연	창
音		深	遠	甚	微	妙		演	暢
소리 음		깊을 심	멀 원	심할 심	작을 미	묘할 묘		펼 연	펼 창

청	정	법		아	심	대	환	희
淸	淨	法		我	心	大	歡	喜
맑을 청	깨끗할 정	법 법		나 아	마음 심	큰 대	기쁠 환	기쁠 희

의	회	영	이	진		안	주	실	지
疑	悔	永	已	盡		安	住	實	智
의심할 의	뉘우칠 회	길 영	이미 이	다할 진		편안할 안	머물 주	진실 실	슬기 지

마구니가 부처님 된 것이 아님을 알겠거늘 제가 잠시 의심하여
마구니의 소치로 여겼나이다. 하지만 부처님께서 부드러운 음성으로
깊고 미묘하게 청정한 법 설하시는 내용 듣자 저의 마음 크게 환희하여
의심이 아예 사라졌으며 바로 실상의 지혜 가운데 안주했나니,

중		아	정	당	작	불		위	천
中		我	定	當	作	佛		爲	天
가운데중		나아	정할정	마땅히당	지을작	부처불		할위	하늘천

인	소	경		전	무	상	법	륜
人	所	敬		轉	無	上	法	輪
사람인	바소	공경할경		구를전	없을무	위상	법법	바퀴륜

교	화	제	보	살		이	시		불
敎	化	諸	菩	薩		爾	時		佛
가르칠교	화할화	모든제	보리보	보살살		그이	때시		부처불

고	사	리	불		오	금	어	천	인
告	舍	利	弗		吾	今	於	天	人
알릴고	집사	이로울리	아닐불		나오	이제금	어조사어	하늘천	사람인

사	문	바	라	문	등		대	중	중
沙	門	婆	羅	門	等		大	衆	中
모래사	문문	할미파(바)	새그물라	문문	무리등		큰대	무리중	가운데중

저는 앞으로 반드시 성불하여 하늘천신과 사람들의 공경 받으며
위없이 높은 법륜 굴리어 모든 보살들을 교화하오리다!
그때에 부처님께서 사리불에게 이르시었다.
"내가 이제 하늘천신과 사람과 사문・바라문 등 여러 대중들에게 말하리라.

설		아	석	증		어	이	만	억
說		我	昔	曾		於	二	萬	億
말씀설		나아	옛석	일찍증		어조사어	두이	일만만	억억

불	소		위	무	상	도	고		상
佛	所		爲	無	上	道	故		常
부처불	곳소		위할위	없을무	위상	길도	연고고		항상상

교	화	여		여	역	장	야		수
敎	化	汝		汝	亦	長	夜		隨
가르칠교	화할화	너여		너여	또역	길장	밤야		따를수

아	수	학		아	이	방	편		인
我	受	學		我	以	方	便		引
나아	받을수	배울학		나아	써이	처방방	편할편		끌인

도	여	고		생	아	법	중		사
導	汝	故		生	我	法	中		舍
이끌도	너여	연고고		날생	나아	법법	가운데중		집사

내가 옛적에 일찍이 이만억의 부처님 처소에서 위없이 높은 진리를
알게 하기 위하여 항상 너를 교화했으며, 너도 또한 오랜 세월 동안
나를 따라 배웠느니라. 그리고 내가 방편으로써 너를 인도했기 때문에
현재 나의 법 가운데 태어난 것이니라.

리	불		아	석	교	여		지	원
利	弗		我	昔	敎	汝		志	願
이로울리	아닐불		나아	옛석	가르칠교	너여		뜻지	원할원

불	도		여	금	실	망		이	변
佛	道		汝	今	悉	忘		而	便
부처불	길도		너여	이제금	다실	잊을망		말이을이	문득변

자	위		이	득	멸	도		아	금
自	謂		己	得	滅	度		我	今
스스로자	이를위		이미이	얻을득	멸할멸	건널도		나아	이제금

환	욕	령	여		억	념	본	원
還	欲	令	汝		憶	念	本	願
돌아올환	하고자할욕	하여금령	너여		생각할억	생각할념	근본본	원할원

소	행	도	고		위	제	성	문
所	行	道	故		爲	諸	聲	聞
바소	행할행	길도	연고고		위할위	모든제	소리성	들을문

사리불아! 내가 옛적에 너를 가르쳐서 마음에 불도를 서원하도록 하였거늘,
네가 지금은 다 잊어버리고 스스로 생각하기를 '이미 열반을 얻었노라' 하다니……
내 이제 도로 네가 본래 서원을 세워 닦았던 도를 기억나게 하고자,
너를 포함한 모든 성문들을 위하여

설	시	대	승	경		명	묘	법	연
說	是	大	乘	經		名	妙	法	蓮
말씀 설	이 시	큰 대	탈 승	경 경		이름 명	묘할 묘	법 법	연꽃 연
화	교	보	살	법		불	소	호	
華	敎	菩	薩	法		佛	所	護	
꽃 화	가르칠 교	보리 보	보살 살	법 법		부처 불	바 소	보호할 호	
념	사	리	불		여	어	미	래	
念	舍	利	弗		汝	於	未	來	
생각할 념	집 사	이로울 리	아닐 불		너 여	어조사 어	아닐 미	올 래	
세	과	무	량	무	변		불	가	
世	過	無	量	無	邊		不	可	
세상 세	지날 과	없을 무	헤아릴 량	없을 무	가 변		아닐 불	가히 가	
사	의	겁		공	양	약	간		천
思	議	劫		供	養	若	干		千
생각할 사	의논할 의	겁 겁		이바지할 공	기를 양	같을 약	방패 간		일천 천

이 대승경을 설하리니 바로 묘법연화경이니라.
즉 보살을 가르치는 법으로 부처님께서 호념하시는 경이니라.
사리불아! 너는 미래 세상에 무량무변하며
생각으로 헤아릴 수 없이 많은 겁을 지나도록 무수한

만	억	불		봉	지	정	법		구
萬	億	佛		奉	持	正	法		具
일만만	억억	부처불		받들봉	가질지	바를정	법법		갖출구

족	보	살	소	행	지	도		당	득
足	菩	薩	所	行	之	道		當	得
족할족	보리보	보살살	바소	행할행	어조사지	길도		마땅히당	얻을득

작	불		호	왈	화	광	여	래
作	佛		號	曰	華	光	如	來
지을작	부처불		이름호	가로왈	꽃화	빛광	같을여	올래

응	공		정	변	지		명	행	족
應	供		正	遍	知		明	行	足
응당히응	이바지할공		바를정	두루편(변)	알지		밝을명	행할행	족할족

선	서		세	간	해		무	상	사
善	逝		世	間	解		無	上	士
착할선	갈서		세상세	사이간	풀해		없을무	위상	선비사

천만억 부처님들께 공양하고는, 정법을 받들어 지키며
보살이 닦아야 할 도를 구족히 닦아서 반드시 성불하리라.
부처님의 이름은 화광여래·응공·정변지·
명행족·선서·세간해·무상사·

제3 비유품

조	어	장	부	천	인	사		불
調	御	丈	夫	天	人	師		佛
고를조	길들일어	어른장	사나이부	하늘천	사람인	스승사		부처불

세	존		국	명	이	구	기	토
世	尊		國	名	離	垢	其	土
세상세	높을존		나라국	이름명	떠날이	때구	그기	흙토

평	정		청	정	엄	식	안	은
平	正		淸	淨	嚴	飾	安	隱
평평할평	바를정		맑을청	깨끗할정	엄할엄	꾸밀식	편안할안	편안할은

풍	락		천	인	치	성	유	리
豊	樂		天	人	熾	盛	琉	璃
풍성할풍	즐길락		하늘천	사람인	성할치	성할성	유리유	유리리

위	지		유	팔	교	도	황	금
爲	地		有	八	交	道	黃	金
할위	땅지		있을유	여덟팔	사귈교	길도	누를황	쇠금

조어장부·천인사·불세존이니라.
그 세계의 이름은 '이구'요, 그 땅은 평정하면서 깨끗하게 장엄되어
안온하고 풍요하며 하늘천신과 사람들이 많으리라.
청보석의 유리로 땅이 되고 바둑판처럼 여덟 줄로 길이 났는데, 황금으로

위	승		이	계	기	측		기	방
爲	繩		以	界	其	側		其	傍
할위	먹줄승		써이	경계할계	그기	곁측		그기	곁방

각	유	칠	보	항	수		상	유	화
各	有	七	寶	行	樹		常	有	華
각각각	있을유	일곱칠	보배보	늘어설항	나무수		항상상	있을유	꽃화

과		화	광	여	래		역	이	삼
果		華	光	如	來		亦	以	三
실과과		꽃화	빛광	같을여	올래		또역	써이	석삼

승		교	화	중	생		사	리	불
乘		敎	化	衆	生		舍	利	弗
탈승		가르칠교	화할화	무리중	날생		집사	이로울리	아닐불

피	불	출	시		수	비	악	세
彼	佛	出	時		雖	非	惡	世
저피	부처불	날출	때시		비록수	아닐비	악할악	세상세

줄을 꼬아 길을 경계하리라. 또 길가에는
칠보로 된 가로수가 있어서 항상 꽃과 열매가 무성하리라.
그리고 화광여래도 또한 삼승으로써 중생들을 교화하리라.
사리불아, 그 부처님이 출현하실 때는 악한 세상이 아니지만

이	본	원	고		설	삼	승	법	
以	本	願	故		說	三	乘	法	
써 이	근본 본	원할 원	연고 고		말씀 설	석 삼	탈 승	법 법	

기	겁	명		대	보	장	엄		하
其	劫	名		大	寶	莊	嚴		何
그 기	겁 겁	이름 명		큰 대	보배 보	꾸밀 장	엄할 엄		어찌 하

고	명	왈		대	보	장	엄		기
故	名	曰		大	寶	莊	嚴		其
연고 고	이름 명	가로 왈		큰 대	보배 보	꾸밀 장	엄할 엄		그 기

국	중		이	보	살		위	대	보
國	中		以	菩	薩		爲	大	寶
나라 국	가운데 중		써 이	보리 보	보살 살		할 위	큰 대	보배 보

고		피	제	보	살		무	량	무
故		彼	諸	菩	薩		無	量	無
연고 고		저 피	모든 제	보리 보	보살 살		없을 무	헤아릴 량	없을 무

처음 세웠던 원력 때문에 삼승법을 설하는 것이니라.
그 시대의 이름은 대보장엄이라 하는데, 무슨 까닭으로 '대보장엄'이라 부르는가?
그 나라에서는 보살로 큰 보배를 삼기 때문이니라.
그 나라의 보살들은 한량없어서

변		불	가	사	의		산	수	비
邊		不	可	思	議		算	數	譬
가변		아닐 불	가히 가	생각할 사	의논할 의		셀 산	셀 수	비유할 비

유		소	불	능	급		비	불	지
喩		所	不	能	及		非	佛	智
비유할 유		바 소	아닐 불	능할 능	미칠 급		아닐 비	부처 불	슬기 지

력		무	능	지	자		약	욕	행
力		無	能	知	者		若	欲	行
힘 력		없을 무	능할 능	알 지	놈 자		만약 약	하고자할 욕	갈 행

시		보	화	승	족		차	제	보
時		寶	華	承	足		此	諸	菩
때 시		보배 보	꽃 화	받들 승	발 족		이 차	모든 제	보리 보

살		비	초	발	의		개	구	식
薩		非	初	發	意		皆	久	植
보살 살		아닐 비	처음 초	필 발	뜻 의		다 개	오랠 구	심을 식

생각으로 짐작할 수 없고 숫자나 비유로도 알 수 없을 정도이니,
부처님의 지혜 말고는 도저히 헤아릴 수 없을 만큼 많으니라.
보살들이 만일 걷고자 하면 보배꽃이 발을 받드는데,
그 모든 보살들은 초발심보살이 아니라 전부 다 공덕의 근본을

덕	본		어	무	량	백	천		만
德	本		於	無	量	百	千		萬
덕 덕	근본 본		어조사 어	없을 무	헤아릴 량	일백 백	일천 천		일만 만
억	불	소		정	수	범	행		항
億	佛	所		淨	修	梵	行		恒
억 억	부처 불	곳 소		깨끗할 정	닦을 수	깨끗할 범	행할 행		항상 항
위	제	불	지	소	칭	탄		상	수
爲	諸	佛	之	所	稱	歎		常	修
할 위	모든 제	부처 불	어조사 지	바 소	일컬을 칭	찬탄할 탄		항상 상	닦을 수
불	혜		구	대	신	통		선	지
佛	慧		具	大	神	通		善	知
부처 불	지혜 혜		갖출 구	큰 대	신통할 신	통할 통		착할 선	알 지
일	체		제	법	지	문		질	직
一	切		諸	法	之	門		質	直
한 일	모두 체		모든 제	법 법	어조사 지	문 문		바탕 질	곧을 직

> 오랫동안 심은 보살들이니라. 또한 한량없는 백천만억 부처님들 처소에서
> 깨끗이 범행을 닦아 항상 모든 부처님들의 칭찬을 받아왔으며,
> 늘 부처님 지혜를 닦아 큰 신통력을 갖춘 것은 물론
> 일체 법문 내용도 잘 알고 있느니라.

무	위		지	념	견	고		여	시
無	僞		志	念	堅	固		如	是
없을무	거짓위		뜻지	생각념	굳을견	굳을고		같을여	이시

보	살		충	만	기	국		사	리
菩	薩		充	滿	其	國		舍	利
보리보	보살살		찰충	찰만	그기	나라국		집사	이로울리

불		화	광	불	수		십	이	소
弗		華	光	佛	壽		十	二	小
아닐불		꽃화	빛광	부처불	목숨수		열십	두이	작을소

겁		제	위	왕	자		미	작	불
劫		除	爲	王	子		未	作	佛
겁겁		제할제	할위	임금왕	아들자		아닐미	지을작	부처불

시		기	국	인	민		수	팔	소
時		其	國	人	民		壽	八	小
때시		그기	나라국	사람인	백성민		목숨수	여덟팔	작을소

성품 바탕이 바르고 거짓이 없으며 뜻이 견고한
그와 같은 보살들이 그 세계에 가득 충만하리라. 사리불아!
화광불의 수명은 십이 소겁이나 되는데 왕자로서 성불하기 전의
수명은 제외한 것이며, 그 나라 사람들의 수명은 팔 소겁이니라.

제3 비유품

겁		화	광	여	래		과	십	이
劫		華	光	如	來		過	十	二
겁겁		꽃화	빛광	같을여	올래		지날과	열십	두이

소	겁		수	견	만	보	살		아
小	劫		授	堅	滿	菩	薩		阿
작을소	겁겁		줄수	굳을견	찰만	보리보	보살살		언덕아

뇩	다	라	삼	먁	삼	보	리	기	
耨	多	羅	三	藐	三	菩	提	記	
김맬누(뇩)	많을다	새그물라	석삼	아득할막(먁)	석삼	보리보	끌제(리)	기록할기	

고	제	비	구		시	견	만	보	살
告	諸	比	丘		是	堅	滿	菩	薩
알릴고	모든제	견줄비	언덕구		이시	굳을견	찰만	보리보	보살살

차	당	작	불		호	왈	화	족	안
次	當	作	佛		號	曰	華	足	安
버금차	마땅히당	지을작	부처불		이름호	가로왈	꽃화	족할족	편안할안

화광여래께서는 십이 소겁을 지나서 견만보살에게
아뇩다라삼먁삼보리의 수기를 주시고 모든 비구들에게 이르시기를,
'이 견만보살이 다음에 부처님이 되리니,
부처님 이름은 화족안행

행		다	타	아	가	도		아	라
行		多	陀	阿	伽	度		阿	羅
행할 행		많을 다	비탈질 타	언덕 아	절 가	건널 도		언덕 아	새그물 라

하		삼	먁	삼	불	타		기	불
訶		三	藐	三	佛	陀		其	佛
꾸짖을 가(하)		석 삼	아득할 막(먁)	석 삼	부처 불	비탈질 타		그 기	부처 불

국	토		역	부	여	시		사	리
國	土		亦	復	如	是		舍	利
나라 국	흙 토		또 역	다시 부	같을 여	이 시		집 사	이로울 리

불		시	화	광	불		멸	도	지
弗		是	華	光	佛		滅	度	之
아닐 불		이 시	꽃 화	빛 광	부처 불		멸할 멸	건널 도	어조사 지

후		정	법	주	세		삼	십	이
後		正	法	住	世		三	十	二
뒤 후		바를 정	법 법	머물 주	세상 세		석 삼	열 십	두 이

다타아가도(여래) · 아라하(응공) · 삼먁삼불타(정변지)이리라.
그 부처님의 세계도 또한 지금 나의 세계와 같으리라.'
사리불아! 그 화광 부처님이 열반하신 뒤에
정법이 세상에 머무는 기간은 삼십이 소겁이며,

소	겁		상	법	주	세		역	삼
小	劫		像	法	住	世		亦	三
작을 소	겁 겁		형상 상	법 법	머물 주	세상 세		또 역	석 삼

십	이	소	겁		이	시	세	존
十	二	小	劫		爾	時	世	尊
열 십	두 이	작을 소	겁 겁		그 이	때 시	세상 세	높을 존

욕	중	선	차	의		이	설	게	언
欲	重	宣	此	義		而	說	偈	言
하고자할 욕	거듭할 중	베풀 선	이 차	의미 의		말이을 이	말씀 설	게송 게	말씀 언

사	리	불	내	세		성	불	보	지
舍	利	弗	來	世		成	佛	普	智
집 사	이로울 리	아닐 불	올 내	세상 세		이룰 성	부처 불	널리 보	슬기 지

존		호	명	왈	화	광		당	도
尊		號	名	曰	華	光		當	度
높을 존		이름 호	이름 명	가로 왈	꽃 화	빛 광		마땅히 당	건널 도

상법이 세상에 머무는 기간도 똑같이 삼십이 소겁이리라."
그때 세존께서 거듭 의미를 표현하시고자 게송으로 말씀하셨다.
  사리불이 오는 세상에 부처님 되면
  지혜가 넓고 거룩하여 이름을 화광불이라 하며

무	량	중		공	양	무	수	불
無	量	衆		供	養	無	數	佛
없을 무	헤아릴 량	무리 중		이바지할 공	기를 양	없을 무	셀 수	부처 불

구	족	보	살	행		십	력	등	공
具	足	菩	薩	行		十	力	等	功
갖출 구	족할 족	보리 보	보살 살	행할 행		열 십	힘 력	무리 등	공 공

덕		증	어	무	상	도		과	무
德		證	於	無	上	道		過	無
덕 덕		증득할 증	어조사 어	없을 무	위 상	길 도		지날 과	없을 무

량	겁	이		겁	명	대	보	엄
量	劫	已		劫	名	大	寶	嚴
헤아릴 량	겁 겁	마칠 이		겁 겁	이름 명	큰 대	보배 보	엄할 엄

세	계	명	이	구		청	정	무	하
世	界	名	離	垢		清	淨	無	瑕
세상 세	지경 계	이름 명	떠날 이	때 구		맑을 청	깨끗할 정	없을 무	티 하

한량없는 중생들을 제도하리라. 무수한 부처님들께 공양하고
보살행을 구족하매 십력 등 여러 공덕 갖추어 위없이 높은 진리 증득하리니,
한량없는 겁을 지나서 대보장엄 겁이 되면
세계 이름은 이구로 깨끗하여 더러움이 없을 뿐 아니라,

예		이	유	리	위	지		금	승
穢		以	琉	璃	爲	地		金	繩
더러울 예		써 이	유리 유	유리 리	할 위	땅 지		쇠 금	먹줄 승

계	기	도		칠	보	잡	색	수	
界	其	道		七	寶	雜	色	樹	
경계할 계	그 기	길 도		일곱 칠	보배 보	섞일 잡	빛 색	나무 수	

상	유	화	과	실		피	국	제	보
常	有	華	果	實		彼	國	諸	菩
항상 상	있을 유	꽃 화	실과 과	열매 실		저 피	나라 국	모든 제	보리 보

살		지	념	상	견	고		신	통
薩		志	念	常	堅	固		神	通
보살 살		뜻 지	생각 념	항상 상	굳을 견	굳을 고		신통할 신	통할 통

바	라	밀		개	이	실	구	족	
波	羅	蜜		皆	已	悉	具	足	
물결 파(바)	새그물 라	꿀 밀		다 개	이미 이	다 실	갖출 구	족할 족	

> 유리 보배로 땅이 되고 황금줄로 그 길의 경계를 삼으며
> 칠보로 된 가지가지 가로수에는 항상 꽃과 과실이 가득하리라.
> 그 세계의 모든 보살들 뜻과 생각이 항상 견고하고
> 신통력과 육바라밀 이미 모두 구족한 채,

어	무	수	불	소		선	학	보	살
於	無	數	佛	所		善	學	菩	薩
어조사 어	없을 무	셀 수	부처 불	곳 소		착할 선	배울 학	보리 보	보살 살

도		여	시	등	대	사		화	광
道		如	是	等	大	士		華	光
길 도		같을 여	이 시	무리 등	큰 대	선비 사		꽃 화	빛 광

불	소	화		불	위	왕	자	시	
佛	所	化		佛	爲	王	子	時	
부처 불	바 소	화할 화		부처 불	할 위	임금 왕	아들 자	때 시	

기	국	사	세	영		어	최	말	후
棄	國	捨	世	榮		於	最	末	後
버릴 기	나라 국	버릴 사	세상 세	영화 영		어조사 어	가장 최	끝 말	뒤 후

신		출	가	성	불	도		화	광
身		出	家	成	佛	道		華	光
몸 신		날 출	집 가	이룰 성	부처 불	길 도		꽃 화	빛 광

무수한 부처님들 처소에서 보살도를 잘 배웠나니
이와 같은 큰 보살들 화광 부처님께서 교화하신 제자로다.
부처님이 왕자일 때 나라와 세상의 영화를 버리고
윤회의 마지막 몸으로 출가하여 불도를 이루시니,

불	주	세		수	십	이	소	겁
佛	住	世		壽	十	二	小	劫
부처 불	머물 주	세상 세		목숨 수	열 십	두 이	작을 소	겁 겁

기	국	인	민	중		수	명	팔	소
其	國	人	民	衆		壽	命	八	小
그 기	나라 국	사람 인	백성 민	무리 중		목숨 수	목숨 명	여덟 팔	작을 소

겁		불	멸	도	지	후		정	법
劫		佛	滅	度	之	後		正	法
겁 겁		부처 불	멸할 멸	건널 도	어조사 지	뒤 후		바를 정	법 법

주	어	세		삼	십	이	소	겁
住	於	世		三	十	二	小	劫
머물 주	어조사 어	세상 세		석 삼	열 십	두 이	작을 소	겁 겁

광	도	제	중	생		정	법	멸	진
廣	度	諸	衆	生		正	法	滅	盡
넓을 광	건널 도	모든 제	무리 중	날 생		바를 정	법 법	멸할 멸	다할 진

> 화광 부처님 세상에 머무시는 수명은 십이 소겁이요
> 그 나라 백성들의 수명은 팔 소겁이며,
> 부처님께서 열반하신 다음 정법이 세상에 머무는 기간은
> 삼십이 소겁으로 널리 중생들을 제도할 것이고 정법이 다한 뒤의

이		상	법	삼	십	이		사	리
已		像	法	三	十	二		舍	利
마칠 이		형상 상	법 법	석 삼	열 십	두 이		집 사	이로울 리

광	유	포		천	인	보	공	양
廣	流	布		天	人	普	供	養
넓을 광	흐를 유	베풀 포		하늘 천	사람 인	널리 보	이바지할 공	기를 양

화	광	불	소	위		기	사	개	여
華	光	佛	所	爲		其	事	皆	如
꽃 화	빛 광	부처 불	바 소	할 위		그 기	일 사	다 개	같을 여

시		기	양	족	성	존		최	승
是		其	兩	足	聖	尊		最	勝
이 시		그 기	두 양	족할 족	성인 성	높을 존		가장 최	수승할 승

무	륜	필		피	즉	시	여	신
無	倫	匹		彼	卽	是	汝	身
없을 무	무리 륜	짝 필		저 피	곧 즉	이 시	너 여	몸 신

상법도 삼십이 소겁이되, 사리가 널리 유포되어
하늘천신과 사람들이 두루 공양하리라.
화광 부처님의 일이 모두 이와 같나니, 그 거룩하신 부처님 양족존은
가장 수승하여 비길 바 없거늘 그 분이 바로 너의 몸이라

의	응	자	흔	경		이	시		사
宜	應	自	欣	慶		爾	時		四
마땅할 의	응당히 응	스스로 자	기뻐할 흔	경사 경		그 이	때 시		넉 사

부	중		비	구	비	구	니		우
部	衆		比	丘	比	丘	尼		優
나눌 부	무리 중		견줄 비	언덕 구	견줄 비	언덕 구	여승 니		넉넉할 우

바	새	우	바	이		천	룡	야	차
婆	塞	優	婆	夷		天	龍	夜	叉
할미 파(바)	변방 새	넉넉할 우	할미 파(바)	오랑캐 이		하늘 천	용 룡	밤 야	깍지낄 차

건	달	바	아	수	라		가	루	라
乾	闥	婆	阿	修	羅		迦	樓	羅
하늘 건	대궐문 달	할미 파(바)	언덕 아	닦을 수	새그물 라		막을 가	다락 루	새그물 라

긴	나	라		마	후	라	가	등	
緊	那	羅		摩	睺	羅	伽	等	
긴할 긴	어찌 나	새그물 라		갈 마	애꾸눈 후	새그물 라	절 가	무리 등	

마땅히 스스로 기뻐할지니라!
그때에 사부대중인 비구·비구니·
우바새·우바이와 하늘천신·용·야차·
건달바·아수라·가루라·긴나라·마후라가 등

대	중		견	사	리	불		어	불
大	衆		見	舍	利	弗		於	佛
큰 대	무리 중		볼 견	집 사	이로울 리	아닐 불		어조사 어	부처 불

전		수	아	뇩	다	라	삼	먁	삼
前		受	阿	耨	多	羅	三	藐	三
앞 전		받을 수	언덕 아	김맬 누(뇩)	많을 다	새그물 라	석 삼	아득할 먁(먁)	석 삼

보	리	기		심	대	환	희		용
菩	提	記		心	大	歡	喜		踊
보리 보	끌 제(리)	기록할 기		마음 심	큰 대	기쁠 환	기쁠 희		뛸 용

약	무	량		각	각	탈	신		소
躍	無	量		各	各	脫	身		所
뛸 약	없을 무	헤아릴 량		각각 각	각각 각	벗을 탈	몸 신		바 소

착	상	의		이	공	양	불		석
著	上	衣		以	供	養	佛		釋
입을 착	위 상	옷 의		써 이	이바지할 공	기를 양	부처 불		풀 석

모든 대중들은 사리불이 부처님 앞에서
아뇩다라삼먁삼보리의 수기 받는 것을 보고는,
환희에 젖어 뛸 듯이 좋아하며 너무 기뻐
제각기 입고 있던 웃옷을 벗어서 부처님께 공양하였다.

제	환	인		범	천	왕	등		여
提	桓	因		梵	天	王	等		與
끌 제	굿말 환	인할 인		하늘 범	하늘 천	임금 왕	무리 등		더불어 여

무	수	천	자		역	이	천	묘	의
無	數	天	子		亦	以	天	妙	衣
없을 무	셀 수	하늘 천	아들 자		또 역	써 이	하늘 천	묘할 묘	옷 의

천	만	다	라	화		마	하	만	다
天	曼	陀	羅	華		摩	訶	曼	陀
하늘 천	아름다울 만	비탈질 타(다)	새그물 라	꽃 화		갈 마	꾸짖을 가(하)	아름다울 만	비탈질 타(다)

라	화	등		공	양	어	불		소
羅	華	等		供	養	於	佛		所
새그물 라	꽃 화	무리 등		이바지할 공	기를 양	어조사 어	부처 불		바 소

산	천	의		주	허	공	중		이
散	天	衣		住	虛	空	中		而
흩을 산	하늘 천	옷 의		머물 주	빌 허	빌 공	가운데 중		말이을 이

석제환인과 범천왕들은 무수한 천자들과 함께
하늘나라의 아름다운 옷과 만다라 꽃·
마하만다라 꽃들을 가지고 부처님께 공양하였다.
그러자 그 뿌려진 하늘옷들이 휘날리며 허공에서

자	회	전		제	천	기	악		백
自	迴	轉		諸	天	伎	樂		百
스스로 자	돌 회	구를 전		모든 제	하늘 천	재주 기	풍류 악		일백 백

천	만	종		어	허	공	중		일
千	萬	種		於	虛	空	中		一
일천 천	일만 만	종류 종		어조사 어	빌 허	빌 공	가운데 중		한 일

시	구	작		우	중	천	화		이
時	俱	作		雨	衆	天	華		而
때 시	함께 구	지을 작		비 우	무리 중	하늘 천	꽃 화		말이을 이

작	시	언		불	석	어	바	라	나
作	是	言		佛	昔	於	波	羅	捺
지을 작	이 시	말씀 언		부처 불	옛 석	어조사 어	물결 파(바)	새그물 라	어찌 내(나)

초	전	법	륜		금	내	부	전
初	轉	法	輪		今	乃	復	轉
처음 초	구를 전	법 법	바퀴 륜		이제 금	이에 내	다시 부	구를 전

> 저절로 빙글빙글 돌았다. 또 모든 하늘의 백천만 가지 악기들이
> 하늘에서 일시에 울려 퍼졌고, 여러 가지 하늘꽃들은
> 꽃비가 되어 휘날리는데 어디선가 이런 소리가 들려왔다.
> "석가모니 부처님께서는 옛날 바라나시에서 처음으로 법륜을 굴리시더니, 지금은 또

무	상	최	대	법	륜		이	시
無	上	最	大	法	輪		爾	時
없을 무	위 상	가장 최	큰 대	법 법	바퀴 륜		그 이	때 시

제	천	자		욕	중	선	차	의
諸	天	子		欲	重	宣	此	義
모든 제	하늘 천	아들 자		하고자할 욕	거듭할 중	베풀 선	이 차	의미 의

이	설	게	언		석	어	바	라	나
而	說	偈	言		昔	於	波	羅	捺
말이을 이	말씀 설	게송 게	말씀 언		옛 석	어조사 어	물결 파(바)	새그물 라	어찌 내(나)

전	사	제	법	륜		분	별	설	제
轉	四	諦	法	輪		分	別	說	諸
구를 전	넉 사	진리 제	법 법	바퀴 륜		나눌 분	나눌 별	말씀 설	모든 제

법		오	중	지	생	멸		금	부
法		五	衆	之	生	滅		今	復
법 법		다섯 오	무리 중	어조사 지	날 생	멸할 멸		이제 금	다시 부

> 위없이 높은 큰 법륜을 굴리고 계시네!"
> 그때 여러 천자들이 거듭 의미를 표현하고자 게송으로 사뢰었다.
>   옛날 바라나시에서 부처님 사제 법륜을 굴리시어
>   모든 법이 오온으로 생멸함에 대해 분별해 주셨고,

전	최	묘		무	상	대	법	륜	
轉	最	妙		無	上	大	法	輪	
구를전	가장최	묘할묘		없을무	위상	큰대	법법	바퀴륜	

시	법	심	심	오		소	유	능	신
是	法	甚	深	奧		少	有	能	信
이시	법법	심할심	깊을심	깊을오		적을소	있을유	능할능	믿을신

자		아	등	종	석	래		삭	문
者		我	等	從	昔	來		數	聞
놈자		나아	무리등	좇을종	옛석	올래		자주삭	들을문

세	존	설		미	증	문	여	시	
世	尊	說		未	曾	聞	如	是	
세상세	높을존	말씀설		아닐미	일찍증	들을문	같을여	이시	

심	묘	지	상	법		세	존	설	시
深	妙	之	上	法		世	尊	說	是
깊을심	묘할묘	어조사지	위상	법법		세상세	높을존	말씀설	이시

이제 다시 미묘하며 위없이 높은 대법륜을 굴리시니
이 법은 매우 깊고 오묘하여 믿을 수 있는 자 별로 없겠나이다.
저희들이 예로부터 세존의 설법을 자주 들어왔으나 이렇게 깊고도 미묘한
최상 법문은 한 번도 듣지 못하였나이다. 세존께서 이 일승법을 설해주시니

법		아	등	개	수	희		대	지
法		我	等	皆	隨	喜		大	智
법 법		나 아	무리 등	다 개	따를 수	기쁠 희		큰 대	슬기 지

사	리	불		금	득	수	존	기	
舍	利	弗		今	得	受	尊	記	
집 사	이로울 리	아닐 불		이제 금	얻을 득	받을 수	높을 존	기록할 기	

아	등	역	여	시		필	당	득	작
我	等	亦	如	是		必	當	得	作
나 아	무리 등	또 역	같을 여	이 시		반드시 필	마땅히 당	얻을 득	지을 작

불		어	일	체	세	간		최	존
佛		於	一	切	世	間		最	尊
부처 불		어조사 어	한 일	모두 체	세상 세	사이 간		가장 최	높을 존

무	유	상		불	도	파	사	의	
無	有	上		佛	道	叵	思	議	
없을 무	있을 유	위 상		부처 불	길 도	어려울 파	생각할 사	의논할 의	

저희들 모두 따라 기뻐하며 지혜 제일의 사리불이 지금
거룩한 수기를 받으매, 저희들도 역시 사리불처럼 반드시 미래에
성불하여 일체 모든 세간에서 위없이 가장 존귀한 세존 되오리다!
불도는 생각으로 알기 어려워서

방	편	수	의	설		아	소	유	복
方	便	隨	宜	說		我	所	有	福
처방 방	편할 편	따를 수	마땅할 의	말씀 설		나 아	바 소	있을 유	복 복

업		금	세	약	과	세		급	견
業		今	世	若	過	世		及	見
업 업		이제 금	세상 세	만약 약	지날 과	세상 세		및 급	볼 견

불	공	덕		진	회	향	불	도	
佛	功	德		盡	迴	向	佛	道	
부처 불	공 공	덕 덕		다할 진	돌 회	향할 향	부처 불	길 도	

이	시		사	리	불		백	불	언
爾	時		舍	利	弗		白	佛	言
그 이	때 시		집 사	이로울 리	아닐 불		사뢸 백	부처 불	말씀 언

세	존		아	금		무	부	의	회
世	尊		我	今		無	復	疑	悔
세상 세	높을 존		나 아	이제 금		없을 무	다시 부	의심할 의	뉘우칠 회

방편으로 근기에 맞게 설하시나니,
저희들이 현재 또는 과거세에 지은 복덕과
지금 부처님 친견한 공덕을 다 불도에 회향하나이다!
그때 사리불이 부처님께 사뢰었다. "세존이시여! 저는 이제

친	어	불	전		득	수	아	뇩	다
親	於	佛	前		得	受	阿	耨	多
친할 친	어조사 어	부처 불	앞 전		얻을 득	받을 수	언덕 아	김맬 누(뇩)	많을 다

라	삼	먁	삼	보	리	기		시	제
羅	三	藐	三	菩	提	記		是	諸
새그물 라	석 삼	아득할 막(먁)	석 삼	보리 보	끌 제(리)	기록할 기		이 시	모든 제

천	이	백		심	자	재	자		석
千	二	百		心	自	在	者		昔
일천 천	두 이	일백 백		마음 심	스스로 자	있을 재	놈 자		옛 석

주	학	지		불	상	교	화	언
住	學	地		佛	常	敎	化	言
머물 주	배울 학	땅 지		부처 불	항상 상	가르칠 교	화할 화	말씀 언

아	법		능	리	생	로	병	사
我	法		能	離	生	老	病	死
나 아	법 법		능할 능	떠날 리	날 생	늙을 로	병들 병	죽을 사

친히 부처님 앞에서 아뇩다라삼먁삼보리의 수기를 받았으니 두 번 다시
의심이 없사옵니다. 그러나 마음이 자재한 천이백 명의 아라한들이
옛날 배우는 유학의 경지에 있었을 때 부처님께서 항상 교화하시기를,
'나의 법은 생·노·병·사를 여의고

구	경	열	반		시	학	무	학	인
究	竟	涅	槃		是	學	無	學	人
궁구할 구	다할 경	개흙 열	쟁반 반		이 시	배울 학	없을 무	배울 학	사람 인

역	각	자	이	리	아	견		급	유
亦	各	自	以	離	我	見		及	有
또 역	각각 각	스스로 자	써 이	떠날 리	나 아	볼 견		및 급	있을 유

무	견	등		위	득	열	반		이
無	見	等		謂	得	涅	槃		而
없을 무	볼 견	무리 등		이를 위	얻을 득	개흙 열	쟁반 반		말이을 이

금	어	세	존	전		문	소	미	문
今	於	世	尊	前		聞	所	未	聞
이제 금	어조사 어	세상 세	높을 존	앞 전		들을 문	바 소	아닐 미	들을 문

개	타	의	혹		선	재	세	존
皆	墮	疑	惑		善	哉	世	尊
다 개	떨어질 타	의심할 의	미혹할 혹		착할 선	어조사 재	세상 세	높을 존

마침내 열반을 얻는 것이니라.' 라고 말씀하시지 않으셨습니까? 그래서 아직 배우는 과정에 있는 사람들과 배우기를 마친 사람들은, 각각 스스로 아견과 유견 및 무견 등의 모든 삿된 소견을 떠나 열반을 얻었다고 생각하였습니다. 그런데 지금 부처님 앞에서 이제까지 듣지 못했던 법을 듣자 모두들 의심에 빠져 버렸습니다. 거룩하신 세존이시여!

원	위	사	중		설	기	인	연	
願	爲	四	衆		說	其	因	緣	
원할 원	위할 위	넉 사	무리 중		말씀 설	그 기	인할 인	인연 연	

영	리	의	회		이	시		불	고
令	離	疑	悔		爾	時		佛	告
하여금 영	떠날 리	의심할 의	뉘우칠 회		그 이	때 시		부처 불	알릴 고

사	리	불		아	선	불	언		제
舍	利	弗		我	先	不	言		諸
집 사	이로울 리	아닐 불		나 아	먼저 선	아닐 불	말씀 언		모든 제

불	세	존		이	종	종	인	연	
佛	世	尊		以	種	種	因	緣	
부처 불	세상 세	높을 존		써 이	종류 종	종류 종	인할 인	인연 연	

비	유	언	사		방	편	설	법	
譬	喩	言	辭		方	便	說	法	
비유할 비	비유할 유	말씀 언	말 사		처방 방	편할 편	말씀 설	법 법	

부디 사부대중을 위하여 어찌된 사연인지 설명해 주시어, 의혹을 풀어 주시옵소서!"
그때 부처님께서 사리불에게 이르시었다.
"내가 먼저 말하지 않았더냐? 모든 부처님 세존께서
여러 가지 인연과 비유와 갖가지 말의 방편으로써 설법한 것은

개	위	아	뇩	다	라	삼	먁	삼	보
皆	爲	阿	耨	多	羅	三	藐	三	菩
다 개	위할 위	언덕 아	김맬 누(뇩)	많을 다	새그물 라	석 삼	아득할 막(먁)	석 삼	보리 보

리	야		시	제	소	설		개	위
提	耶		是	諸	所	說		皆	爲
끌 제(리)	어조사 야		이 시	모든 제	바 소	말씀 설		다 개	위할 위

화	보	살	고		연	사	리	불	
化	菩	薩	故		然	舍	利	弗	
화할 화	보리 보	보살 살	연고 고		그러할 연	집 사	이로울 리	아닐 불	

금	당	부	이	비	유		갱	명	차
今	當	復	以	譬	喩		更	明	此
이제 금	마땅히 당	다시 부	써 이	비유할 비	비유할 유		다시 갱	밝을 명	이 차

의		제	유	지	자		이	비	유
義		諸	有	智	者		以	譬	喩
의미 의		모든 제	있을 유	슬기 지	놈 자		써 이	비유할 비	비유할 유

모두 아뇩다라삼먁삼보리를 위해서라고 말이다. 왜냐하면
그 모든 설법이 다 보살들을 교화하기 위한 방편이기 때문이니라.
그러나 사리불아! 지금 마땅히 다시 비유로써 그 뜻을 밝히리니,
지혜로운 사람들은 비유를 통해

득	해		사	리	불		약	국	읍
得	解		舍	利	弗		若	國	邑
얻을 득	풀 해		집 사	이로울 리	아닐 불		만약 약	나라 국	고을 읍

취	락		유	대	장	자		기	년
聚	落		有	大	長	者		其	年
마을 취	촌락 락		있을 유	큰 대	길 장	놈 자		그 기	해 년

쇠	매		재	부	무	량		다	유
衰	邁		財	富	無	量		多	有
쇠할 쇠	늙을 매		재물 재	부자 부	없을 무	헤아릴 량		많을 다	있을 유

전	택		급	제	동	복		기	가
田	宅		及	諸	僮	僕		其	家
밭 전	집 택		및 급	모든 제	하인 동	종 복		그 기	집 가

광	대		유	유	일	문		다	제
廣	大		唯	有	一	門		多	諸
넓을 광	큰 대		오직 유	있을 유	한 일	문 문		많을 다	모든 제

> 알아차릴 수 있으리라. 사리불아!
> 어떤 나라의 한 마을에 큰 재벌장자가 살고 있었느니라.
> 그의 나이는 늙었으나 재물은 한량없어, 전답과 가옥 그리고 하인들이
> 매우 많이 있었느니라. 그 집은 아주 넓고 크건만 문은 오직 하나뿐이었고,

인	중		일	백	이	백		내	지
人	衆		一	百	二	百		乃	至
사람 인	무리 중		한 일	일백 백	두 이	일백 백		이에 내	이를 지

오	백	인		지	주	기	중		당
五	百	人		止	住	其	中		堂
다섯 오	일백 백	사람 인		그칠 지	머물 주	그 기	가운데 중		집 당

각	후	고		장	벽	퇴	락		주
閣	朽	故		牆	壁	隤	落		柱
문설주 각	썩을 후	오랠 고		담 장	벽 벽	무너질 퇴	떨어질 락		기둥 주

근	부	패		양	동	경	위		주
根	腐	敗		梁	棟	傾	危		周
뿌리 근	썩을 부	패할 패		대들보 양	마룻대 동	기울 경	위태할 위		두루 주

잡	구	시		훌	연	화	기		분
匝	俱	時		欻	然	火	起		焚
돌 잡	함께 구	때 시		문득 훌	그러할 연	불 화	일어날 기		불사를 분

식구는 많아서 백 명·이백 명 심지어 오백 명이나 되었는데 전부 그 안에서
같이 살고 있었느니라. 그런데 하도 오래되어 집과 누각은 낡을 대로 낡았고
담벼락은 내려앉았으며, 기둥은 썩고 대들보는 기울었느니라.
그러던 어느 날 별안간 사면에서 불이 한꺼번에 일어나

소	사	택		장	자	제	자		약
燒	舍	宅		長	者	諸	子		若
사를 소	집 사	집 택		길 장	놈 자	모든 제	아들 자		만약 약

십	이	십		혹	지	삼	십		재
十	二	十		或	至	三	十		在
열 십	두 이	열 십		혹 혹	이를 지	석 삼	열 십		있을 재

차	택	중		장	자		견	시	대
此	宅	中		長	者		見	是	大
이 차	집 택	가운데 중		길 장	놈 자		볼 견	이 시	큰 대

화		종	사	면	기		즉	대	경
火		從	四	面	起		卽	大	驚
불 화		좇을 종	넉 사	방위 면	일어날 기		곧 즉	큰 대	놀랄 경

포		이	작	시	념		아	수	능
怖		而	作	是	念		我	雖	能
두려워할 포		말이을 이	지을 작	이 시	생각 념		나 아	비록 수	능할 능

집을 태우기 시작했느니라. 하지만 장자의 아들 열 명인가
스무 명인가 서른 명인가는 아직 그 집에 남아 있었느니라.
장자는 큰불이 온 사방에서 타오르는 것을 보고 깜짝 놀라
이렇게 생각하였느니라. '나는 비록

어	차		소	소	지	문		안	은
於	此		所	燒	之	門		安	隱
어조사 어	이 차		바 소	사를 소	어조사 지	문 문		편안할 안	편안할 은

득	출		이	제	자	등		어	화
得	出		而	諸	子	等		於	火
얻을 득	날 출		말이을 이	모든 제	아들 자	무리 등		어조사 어	불 화

택	내		낙	착	희	희		불	각
宅	內		樂	著	嬉	戲		不	覺
집 택	안 내		즐길 낙	잡을 착	놀 희	장난할 희		아닐 불	깨달을 각

부	지		불	경	불	포		화	래
不	知		不	驚	不	怖		火	來
아닐 부	알 지		아닐 불	놀랄 경	아닐 불	두려워할 포		불 화	올 래

핍	신		고	통	절	이		심	불
逼	身		苦	痛	切	已		心	不
닥칠 핍	몸 신		괴로울 고	아플 통	심할 절	어조사 이		마음 심	아닐 불

> 불타는 집에서 무사히 빠져 나왔으나
> 아이들은 불타는 집에서 놀기에만 정신 팔려, 도대체
> 무엇이 위험한 줄 알지 못하고 놀라거나 두려워하지도 않는구나.
> 불이 몸에 붙으면 말할 수 없이 고통스러울 텐데도, 마음에

염	환		무	구	출	의		사	리
厭	患		無	求	出	意		舍	利
싫을 염	근심 환		없을 무	구할 구	날 출	뜻 의		집 사	이로울 리

불		시	장	자		작	시	사	유
弗		是	長	者		作	是	思	惟
아닐 불		이 시	길 장	놈 자		지을 작	이 시	생각할 사	생각할 유

아	신	수	유	력		당	이	의	극
我	身	手	有	力		當	以	衣	裓
나 아	몸 신	손 수	있을 유	힘 력		마땅히 당	써 이	옷 의	옷자락 극

약	이	궤	안		종	사	출	지
若	以	机	案		從	舍	出	之
만약 약	써 이	책상 궤	책상 안		좇을 종	집 사	날 출	어조사 지

부	갱	사	유		시	사		유	유
復	更	思	惟		是	舍		唯	有
다시 부	다시 갱	생각할 사	생각할 유		이 시	집 사		오직 유	있을 유

걱정할 줄도 모르고 빠져나오려는 생각조차 아예 없구나.'
사리불아, 그 재벌장자는 또 이렇게 생각하였느니라. '내가 힘이 좀 세니까,
옷 넣는 함이나 책 담는 궤짝이라도 써서 아이들을 담아 가지고 얼른 집에서
끌어내와야겠다.' 이윽고 다시 생각하기를, '이 집은

일	문		이	부	협	소		제	자
一	門		而	復	狹	小		諸	子
한 일	문 문		말 이을 이	다시 부	좁을 협	작을 소		모든 제	아들 자
유	치		미	유	소	식		연	착
幼	稚		未	有	所	識		戀	著
어릴 유	어릴 치		아닐 미	있을 유	바 소	알 식		생각할 연	잡을 착
희	처		혹	당	타	락		위	화
戲	處		或	當	墮	落		爲	火
장난할 희	곳 처		혹 혹	마땅히 당	떨어질 타	떨어질 락		할 위	불 화
소	소		아	당	위	설		포	외
所	燒		我	當	爲	說		怖	畏
바 소	사를 소		나 아	마땅히 당	위할 위	말씀 설		두려워할 포	두려워할 외
지	사		차	사	이	소		의	시
之	事		此	舍	己	燒		宜	時
어조사 지	일 사		이 차	집 사	이미 이	사를 소		마땅할 의	때 시

문이 하나뿐인 데다가 또 좁기까지 하니 어떡하면 좋은가?
애들은 어려서 철모르고 놀기에만 정신이 팔려 있으니, 궤짝에 담아 내가다가
자칫 떨어지게 되면 불에 타버릴 게 아닌가! 그러느니 아예 내가 불이 얼마나
두렵고 무서운 것인가를 알려주고, 이 집이 벌써 불에 타고 있으니

질	출		무	령	위	화	지	소	소
疾	出		無	令	爲	火	之	所	燒
빠를 질	날 출		없을 무	하여금 령	할 위	불 화	어조사 지	바 소	사를 소

해		작	시	념	이		여	소	사
害		作	是	念	已		如	所	思
해할 해		지을 작	이 시	생각 념	마칠 이		같을 여	바 소	생각할 사

유		구	고	제	자		여	등	속
惟		具	告	諸	子		汝	等	速
생각할 유		갖출 구	알릴 고	모든 제	아들 자		너 여	무리 등	빠를 속

출		부	수	연	민		선	언	유
出		父	雖	憐	愍		善	言	誘
날 출		아비 부	비록 수	불쌍할 연	가엾을 민		착할 선	말씀 언	달랠 유

유		이	제	자	등		낙	착	희
喩		而	諸	子	等		樂	著	嬉
깨우칠 유		말이을 이	모든 제	아들 자	무리 등		즐길 낙	잡을 착	놀 희

빨리 나오라고 하는 것이 좋겠다. 그래서 우리 애들로 하여금 불에 타지 않도록 해야겠구나!'
이렇게 생각하고는 마음먹은 대로 아이들에게 자세히 타일렀느니라.
'불이 났으니 너희들은 지체 말고 속히 나오너라!' 그런데 아버지가 불쌍히 여겨서
아무리 잘 타일러 주어도 아이들은 놀기에만 정신이 팔려 있었느니라.

희		불	긍	신	수		불	경	불
戲		不	肯	信	受		不	驚	不
장난할 희		아닐 불	즐길 긍	믿을 신	받을 수		아닐 불	놀랄 경	아닐 불

외		요	무	출	심		역	부	부
畏		了	無	出	心		亦	復	不
두려워할 외		마칠 요	없을 무	날 출	마음 심		또 역	다시 부	아닐 부

지		하	자	시	화		하	자	위
知		何	者	是	火		何	者	爲
알 지		어찌 하	놈 자	이 시	불 화		어찌 하	놈 자	할 위

사		운	하	위	실		단	동	서
舍		云	何	爲	失		但	東	西
집 사		이를 운	어찌 하	할 위	잃을 실		다만 단	동녘 동	서녘 서

주	희	시	부	이	이		이	시
走	戲	視	父	而	已		爾	時
달릴 주	장난할 희	볼 시	아비 부	말 이을 이	어조사 이		그 이	때 시

그래서 아버지 말을 믿지도 않을 뿐더러 들은 척도 아니했으며, 놀라거나
겁내지도 않고 끝내 나오려고 하지 않았느니라. 또한 어떤 것이 불이고
어떤 것이 집인지도 모르며 무엇을 잃게 되는지도 알지 못한 채, 동서로 왔다갔다
뛰어놀면서 무심코 아버지를 쳐다만 볼 따름이었느니라. 그때

장	자		즉	작	시	념		차	사
長	者		卽	作	是	念		此	舍
길장	놈자		곧즉	지을작	이시	생각념		이차	집사

이	위	대	화	소	소		아	급	제
已	爲	大	火	所	燒		我	及	諸
이미이	할위	큰대	불화	바소	사를소		나아	및급	모든제

자		약	불	시	출		필	위	소
子		若	不	時	出		必	爲	所
아들자		만약약	아닐불	때시	날출		반드시필	할위	바소

분		아	금		당	설	방	편	
焚		我	今		當	設	方	便	
불사를분		나아	이제금		마땅히당	베풀설	처방방	편할편	

영	제	자	등		득	면	사	해	
令	諸	子	等		得	免	斯	害	
하여금영	모든제	아들자	무리등		얻을득	면할면	이사	해할해	

장자가 생각하되, '이 집은 벌써 불에 훨훨 타고 있으니,
나와 아이들이 바로 이 시각에 나가지 않으면 반드시 불에 타버릴 것이다.
내가 이제 무슨 방편을 써서라도, 모든 아이들로 하여금
이런 피해를 입지 않도록 해야겠구나!'

부	지	제	자		선	심	각	유	소
父	知	諸	子		先	心	各	有	所
아비 부	알 지	모든 제	아들 자		먼저 선	마음 심	각각 각	있을 유	바 소

호		종	종	진	완		기	이	지
好		種	種	珍	玩		奇	異	之
좋을 호		종류 종	종류 종	보배 진	장난할 완		기이할 기	다를 이	어조사 지

물		정	필	락	착		이	고	지
物		情	必	樂	著		而	告	之
만물 물		뜻 정	반드시 필	즐길 락	잡을 착		말이을 이	알릴 고	어조사 지

언		여	등		소	가	완	호	
言		汝	等		所	可	玩	好	
말씀 언		너 여	무리 등		바 소	가히 가	장난할 완	좋을 호	

희	유	난	득		여	약	불	취	
希	有	難	得		汝	若	不	取	
드물 희	있을 유	어려울 난	얻을 득		너 여	만약 약	아닐 불	취할 취	

아버지는 아이들이 이전부터 서로 가지고 싶어했던 여러 가지
기이한 장난감들이라면 반드시 좋아할 것이라고 생각하여 말하였느니라.
'너희들이 지난번 갖고 싶어했던 장난감은 매우 귀해서 쉽게 구할 수 없는 것이니라.
만일 너희가 지금 바로 나와서 갖지 않는다면

후	필	우	회		여	차	종	종	
後	必	憂	悔		如	此	種	種	
뒤 후	반드시 필	근심할 우	뉘우칠 회		같을 여	이 차	종류 종	종류 종	

양	거	녹	거	우	거		금	재	문
羊	車	鹿	車	牛	車		今	在	門
양 양	수레 거	사슴 녹	수레 거	소 우	수레 거		이제 금	있을 재	문 문

외		가	이	유	희		여	등	
外		可	以	遊	戲		汝	等	
바깥 외		가히 가	써 이	놀 유	장난할 희		너 여	무리 등	

어	차	화	택		의	속	출	래	
於	此	火	宅		宜	速	出	來	
어조사 어	이 차	불 화	집 택		마땅할 의	빠를 속	날 출	올 래	

수	여	소	욕		개	당	여	여	
隨	汝	所	欲		皆	當	與	汝	
따를 수	너 여	바 소	하고자할 욕		다 개	마땅히 당	줄 여	너 여	

나중에 반드시 후회하게 되리라. 이와 같은 여러 가지 수레들, 곧 양이 끄는 수레·
사슴이 끄는 수레·소가 끄는 수레들이 지금 대문 밖에 있으니, 맘대로 가지고
장난하며 즐겁게 놀아라. 애들아, 어서 이 불타는 집에서 나오너라!
너희들이 달라는 대로 전부 주리라!'

이	시	제	자		문	부	소	설
爾	時	諸	子		聞	父	所	說
그이	때시	모든제	아들자		들을문	아비부	바소	말씀설

진	완	지	물		적	기	원	고
珍	玩	之	物		適	其	願	故
보배진	장난할완	어조사지	만물물		알맞을적	그기	원할원	연고고

심	각	용	예		호	상	퇴	배
心	各	勇	銳		互	相	推	排
마음심	각각각	날쌜용	날카로울예		서로호	서로상	밀퇴	밀칠배

경	공	치	주		쟁	출	화	택
競	共	馳	走		爭	出	火	宅
다툴경	함께공	달릴치	달릴주		다툴쟁	날출	불화	집택

시	시	장	자		견	제	자	등
是	時	長	者		見	諸	子	等
이시	때시	길장	놈자		볼견	모든제	아들자	무리등

그때에 아이들은 아버지가 말씀하신 진귀한 장난감들이
마음에 들었기에, 너무 신이 나서 서로 밀치고 다투며
급히 불타는 집에서 뛰쳐나왔느니라.
당시 장자는 아이들이 모두

안	은	득	출		개	어	사	구	도
安	隱	得	出		皆	於	四	衢	道
편안할 안	편안할 은	얻을 득	날 출		다 개	어조사 어	넉 사	네거리 구	길 도

중		노	지	이	좌		무	부	장
中		露	地	而	坐		無	復	障
가운데 중		드러날 노	땅 지	말이을 이	앉을 좌		없을 무	다시 부	막을 장

애		기	심	태	연		환	희	용
礙		其	心	泰	然		歡	喜	踊
거리낄 애		그 기	마음 심	클 태	그러할 연		기쁠 환	기쁠 희	뛸 용

약		시	제	자	등		각	백	부
躍		時	諸	子	等		各	白	父
뛸 약		때 시	모든 제	아들 자	무리 등		각각 각	사뢸 백	아비 부

언		부	선	소	허		완	호	지
言		父	先	所	許		玩	好	之
말씀 언		아비 부	먼저 선	바 소	허락할 허		장난할 완	좋을 호	어조사 지

무사히 빠져나와 네거리 길 한가운데 편안히 앉아 있음을 보고는,
마음이 아주 안심되어 한없이 기뻐하였느니라.
이윽고 여러 아이들은 제각기 아버지께 사뢰기를,
'아버지! 아까 주시겠다고 하셨던

구		양	거	녹	거	우	거		원
具		羊	車	鹿	車	牛	車		願
갖출 구		양 양	수레 거	사슴 녹	수레 거	소 우	수레 거		원할 원

시	사	여		사	리	불		이	시
時	賜	與		舍	利	弗		爾	時
때 시	줄 사	줄 여		집 사	이로울 리	아닐 불		그 이	때 시

장	자		각	사	제	자		등	일
長	者		各	賜	諸	子		等	一
길 장	놈 자		각각 각	줄 사	모든 제	아들 자		같을 등	한 일

대	거		기	거	고	광		중	보
大	車		其	車	高	廣		衆	寶
큰 대	수레 거		그 기	수레 거	높을 고	넓을 광		무리 중	보배 보

장	교		주	잡	난	순		사	면
莊	校		周	匝	欄	楯		四	面
꾸밀 장	장식할 교		두루 주	돌 잡	난간 난	난간 순		넉 사	방위 면

양이 끄는 수레랑 사슴이 끄는 수레랑 소가 끄는 수레를 지금 빨리 주세요!'
사리불아, 그때 장자는 아이들에게 각각 똑같이 큰 수레를 나누어주었느니라.
그 수레는 높고 넓으며 온갖 보배로 장식되었고,
주위에 난간을 둘렀으며 사면에는

현	령		우	어	기	상		장	설
懸	鈴		又	於	其	上		張	設
매달 현	방울 령		또 우	어조사 어	그 기	위 상		베풀 장	베풀 설

헌	개		역	이	진	기		잡	보
幰	蓋		亦	以	珍	奇		雜	寶
휘장 헌	덮개 개		또 역	써 이	보배 진	기이할 기		섞일 잡	보배 보

이	엄	식	지		보	승	교	락
而	嚴	飾	之		寶	繩	絞	絡
말이을 이	엄할 엄	꾸밀 식	어조사 지		보배 보	먹줄 승	묶을 교	얽을 락

수	제	화	영		중	부	완	연
垂	諸	華	瓔		重	敷	婉	筵
드리울 수	모든 제	꽃 화	구슬목걸이 영		거듭할 중	펼 부	예쁠 완	대자리 연

안	치	단	침		가	이	백	우
安	置	丹	枕		駕	以	白	牛
편안할 안	둘 치	붉을 단	베개 침		멍에 가	써 이	흰 백	소 우

풍경을 매달았느니라. 또 그 위에 일산을 펴고 휘장을 쳤는데
역시 진귀한 여러 보배들로 장식되었고, 보배줄을 얽어 늘어뜨리고
꽃과 영락을 드리웠으며, 포근한 자리를 겹겹이 깔고
붉은 비단쿠션을 놓았느니라. 그리고

부	색	충	결		형	체	주	호
膚	色	充	潔		形	體	姝	好
살갗 부	빛 색	찰 충	깨끗할 결		모양 형	몸 체	예쁠 주	좋을 호

유	대	근	력		행	보	평	정
有	大	筋	力		行	步	平	正
있을 유	큰 대	힘줄 근	힘 력		갈 행	걸음 보	평평할 평	바를 정

기	질	여	풍		우	다	복	종
其	疾	如	風		又	多	僕	從
그 기	빠를 질	같을 여	바람 풍		또 우	많을 다	종 복	좇을 종

이	시	위	지		소	이	자	하
而	侍	衛	之		所	以	者	何
말이을 이	모실 시	호위할 위	어조사 지		바 소	써 이	놈 자	어찌 하

시	대	장	자		재	부	무	량
是	大	長	者		財	富	無	量
이 시	큰 대	길 장	놈 자		재물 재	부자 부	없을 무	헤아릴 량

피부색이 깨끗하고 몸체 좋고 기운 센 흰 소로써 수레를 끌게 하였으니,
걸음은 평탄하고 빠르기는 바람처럼 날쌔었느니라. 또 많은 시중들이
모시고 따라다니며 시위하였느니라. 그런데 이렇게 좋은 수레를 왜 모든 아이들에게
똑같이 나눠주었을까? 왜냐하면 장자에게는 재물이 한량없이 많고

종	종	제	장		실	개	충	일
種	種	諸	藏		悉	皆	充	溢
종류 종	종류 종	모든 제	곳간 장		다 실	다 개	찰 충	넘칠 일

이	작	시	념		아	재	물	무	극
而	作	是	念		我	財	物	無	極
말이을 이	지을 작	이 시	생각 념		나 아	재물 재	만물 물	없을 무	다할 극

불	응	이	하	열	소	거		여	제
不	應	以	下	劣	小	車		與	諸
아닐 불	응당히 응	써 이	아래 하	용렬할 열	작을 소	수레 거		줄 여	모든 제

자	등		금	차	유	동		개	시
子	等		今	此	幼	童		皆	是
아들 자	무리 등		이제 금	이 차	어릴 유	아이 동		다 개	이 시

오	자		애	무	편	당		아	유
吾	子		愛	無	偏	黨		我	有
나 오	아들 자		사랑 애	없을 무	치우칠 편	치우칠 당		나 아	있을 유

창고마다 가득 차 있어서, 다음과 같이 생각했기 때문이니라.
'나의 재물은 한량없이 많은데 변변치 못한 작은 수레 따위를
아이들에게 줄 것이 뭐 있겠나. 더욱이 이 아이들은 다
나의 자식이거늘 사랑함에 차별이 있어서야 말이 되겠는가!

여	시		칠	보	대	거		기	수
如	是		七	寶	大	車		其	數
같을 여	이 시		일곱 칠	보배 보	큰 대	수레 거		그 기	셀 수

무	량		응	당	등	심		각	각
無	量		應	當	等	心		各	各
없을 무	헤아릴 량		응당히 응	마땅히 당	같을 등	마음 심		각각 각	각각 각

여	지		불	의	차	별		소	이
與	之		不	宜	差	別		所	以
줄 여	어조사 지		아닐 불	마땅할 의	어긋날 차	나눌 별		바 소	써 이

자	하		이	아	차	물		주	급
者	何		以	我	此	物		周	給
놈 자	어찌 하		써 이	나 아	이 차	만물 물		두루 주	줄 급

일	국		유	상	불	궤		하	황
一	國		猶	尙	不	匱		何	況
한 일	나라 국		오히려 유	오히려 상	아닐 불	다할 궤		어찌 하	하물며 황

나에게 이처럼 칠보로 만든 큰 수레들이 굉장히 많으니,
응당 평등한 마음으로 똑같이 나눠주리라. 왜냐하면
이 물건을 가지고 온 나라 사람들에게 나누어준다고 하더라도
모자라지 않을 터인데, 어찌 하물며

제	자		시	시	제	자		각	승
諸	子		是	時	諸	子		各	乘
모든 제	아들 자		이 시	때 시	모든 제	아들 자		각각 각	탈 승

대	거		득	미	증	유		비	본
大	車		得	未	曾	有		非	本
큰 대	수레 거		얻을 득	아닐 미	일찍 증	있을 유		아닐 비	근본 본

소	망		사	리	불		어	여	의
所	望		舍	利	弗		於	汝	意
바 소	바랄 망		집 사	이로울 리	아닐 불		어조사 어	너 여	뜻 의

운	하		시	장	자		등	여	제
云	何		是	長	者		等	與	諸
이를 운	어찌 하		이 시	길 장	놈 자		같을 등	줄 여	모든 제

자		진	보	대	거		영	유	허
子		珍	寶	大	車		寧	有	虛
아들 자		보배 진	보배 보	큰 대	수레 거		어찌 영	있을 유	빌 허

내 아이들에게 차별하여 주겠는가!' 당시 아이들은 제각기 큰 수레를 타고는
일찍이 없던 희유함을 느꼈으나, 아이들이 원래 이것까지는 감히 바라지 않았던 것이었느니라.
사리불아, 너는 어떻게 생각하느냐? 그 장자가 모든 아이들에게 약속했던 것보다
훨씬 크고 좋은 보배 수레를 똑같이 나눠줬다고 해서 도리어

망	부		사	리	불	언		불	야
妄	不		舍	利	弗	言		不	也
허망할 망	아닐 부		집 사	이로울 리	아닐 불	말씀 언		아닐 불	어조사 야

세	존		시	장	자		단	령	제
世	尊		是	長	者		但	令	諸
세상 세	높을 존		이 시	길 장	놈 자		다만 단	하여금 령	모든 제

자		득	면	화	난		전	기	구
子		得	免	火	難		全	其	軀
아들 자		얻을 득	면할 면	불 화	어려울 난		온전할 전	그 기	몸 구

명		비	위	허	망		하	이	고
命		非	爲	虛	妄		何	以	故
목숨 명		아닐 비	할 위	빌 허	허망할 망		어찌 하	써 이	연고 고

약	전	신	명		변	위	이	득
若	全	身	命		便	爲	已	得
만약 약	온전할 전	몸 신	목숨 명		문득 변	할 위	이미 이	얻을 득

거짓말을 했다고 할 수 있겠느냐?" 사리불이 대답하였다.
"아니옵니다, 세존이시여! 그 장자가 다만
아이들로 하여금 화재를 면하게 하여 목숨만 건지게 했더라도
거짓말했다고는 할 수 없습니다. 왜냐하면 목숨만 보전하면 이미

완	호	지	구		황	부	방	편
玩	好	之	具		況	復	方	便
장난할 완	좋을 호	어조사 지	갖출 구		하물며 황	다시 부	처방 방	편할 편
어	피	화	택		이	발	제	지
於	彼	火	宅		而	拔	濟	之
어조사 어	저 피	불 화	집 택		말이을 이	뺄 발	건널 제	어조사 지
세	존		약	시	장	자	내	지
世	尊		若	是	長	者	乃	至
세상 세	높을 존		만약 약	이 시	길 장	놈 자	이에 내	이를 지
불	여		최	소	일	거	유	불
不	與		最	小	一	車	猶	不
아닐 불	줄 여		가장 최	작을 소	한 일	수레 거	오히려 유	아닐 불
허	망		하	이	고		시	장	자
虛	妄		何	以	故		是	長	者
빌 허	허망할 망		어찌 하	써 이	연고 고		이 시	길 장	놈 자

좋은 장난감을 얻은 것이나 다름없기 때문입니다. 하물며 방편으로
저 불타는 집에서 구하여 살려낸 것이 어떻게 거짓말한 것이 되겠습니까?
세존이시여, 만약 그 재벌장자가 한 대의 볼품없는 수레조차 주지 않았다 하더라도
거짓말을 했다고는 할 수 없습니다. 왜냐하면 그 장자는

선	작	시	의		아	이	방	편
先	作	是	意		我	以	方	便
먼저 선	지을 작	이 시	뜻 의		나 아	써 이	처방 방	편할 편

영	자	득	출		이	시	인	연
令	子	得	出		以	是	因	緣
하여금 영	아들 자	얻을 득	날 출		써 이	이 시	인할 인	인연 연

무	허	망	야		하	황	장	자
無	虛	妄	也		何	況	長	者
없을 무	빌 허	허망할 망	어조사 야		어찌 하	하물며 황	길 장	놈 자

자	지	재	부	무	량		욕	요	익
自	知	財	富	無	量		欲	饒	益
스스로 자	알 지	재물 재	부자 부	없을 무	헤아릴 량		하고자할 욕	넉넉할 요	더할 익

제	자		등	여	대	거		불	고
諸	子		等	與	大	車		佛	告
모든 제	아들 자		같을 등	줄 여	큰 대	수레 거		부처 불	알릴 고

처음에 다음과 같이 생각했기 때문입니다. '내가 방편으로써
아이들로 하여금 불타는 집에서 나오게 하리라.' 이러한 인연으로써
장자는 거짓말한 것이 아닙니다. 하물며 장자가 재물이 한량없음을 알고,
모든 아이들을 이롭게 하기 위해 똑같이 큰 수레를 준 것이 어찌 거짓말이 되겠습니까?"

사	리	불		선	재	선	재		여
舍	利	弗		善	哉	善	哉		如
집 사	이로울 리	아닐 불		착할 선	어조사 재	착할 선	어조사 재		같을 여

여	소	언		사	리	불		여	래
汝	所	言		舍	利	弗		如	來
너 여	바 소	말씀 언		집 사	이로울 리	아닐 불		같을 여	올 래

역	부	여	시		즉	위	일	체	세
亦	復	如	是		則	爲	一	切	世
또 역	다시 부	같을 여	이 시		곧 즉	할 위	한 일	모두 체	세상 세

간	지	부		어	제	포	외		쇠
間	之	父		於	諸	怖	畏		衰
사이 간	어조사 지	아비 부		어조사 어	모든 제	두려워할 포	두려워할 외		쇠할 쇠

뇌	우	환		무	명	암	폐		영
惱	憂	患		無	明	闇	蔽		永
괴로워할 뇌	근심할 우	근심 환		없을 무	밝을 명	어두울 암	덮을 폐		길 영

부처님께서 사리불에게 이르시었다.
"그래그래, 네 말이 맞도다! 사리불아,
여래도 또한 그와 마찬가지로 곧 일체 세간의 아버지가 되느니라.
그리하여 모든 두려움과 쇠약함, 번뇌와 근심, 무명과 어둠을

진	무	여		이	실	성	취		무
盡	無	餘		而	悉	成	就		無
다할진	없을무	남을여		말이을이	다실	이룰성	이룰취		없을무

량	지	견		역	무	소	외		유
量	知	見		力	無	所	畏		有
헤아릴량	알지	볼견		힘역	없을무	바소	두려워할외		있을유

대	신	력		급	지	혜	력		구
大	神	力		及	智	慧	力		具
큰대	신통할신	힘력		및급	슬기지	지혜혜	힘력		갖출구

족	방	편		지	혜	바	라	밀
足	方	便		智	慧	波	羅	蜜
족할족	처방방	편할편		슬기지	지혜혜	물결파(바)	새그물라	꿀밀

대	자	대	비		상	무	해	권
大	慈	大	悲		常	無	懈	倦
큰대	사랑자	큰대	슬플비		항상상	없을무	게으를해	게으를권

> 영원히 없애어 아무것도 남아 있는 것이 없느니라.
> 반면에 한량없는 지혜 곧 십력과 사무소외를 모두 성취했을 뿐 아니라,
> 큰 신통력과 지혜력을 소유하고 방편과 지혜바라밀을 구족하였느니라.
> 그리고 대자대비한 마음으로 늘 게으름 없이,

항	구	선	사		이	익	일	체	
恒	求	善	事		利	益	一	切	
항상 항	구할 구	착할 선	일 사		이로울 이	더할 익	한 일	모두 체	

이	생	삼	계		후	고	화	택	
而	生	三	界		朽	故	火	宅	
말이을 이	날 생	석 삼	지경 계		썩을 후	오랠 고	불 화	집 택	

위	도	중	생		생	로	병	사	
爲	度	衆	生		生	老	病	死	
위할 위	건널 도	무리 중	날 생		날 생	늙을 로	병들 병	죽을 사	

우	비	고	뇌		우	치	암	폐	
憂	悲	苦	惱		愚	癡	闇	蔽	
근심할 우	슬플 비	괴로울 고	괴로워할 뇌		어리석을 우	어리석을 치	어두울 암	덮을 폐	

삼	독	지	화		교	화		영	득
三	毒	之	火		敎	化		令	得
석 삼	독 독	어조사 지	불 화		가르칠 교	화할 화		하여금 영	얻을 득

언제나 착한 일을 추구해서 일체 중생들을 이롭게 하느니라.
그리하여 삼계의 썩고 낡은 화택 가운데에 태어나서
중생들의 생·노·병·사와 근심·슬픔·괴로움·번민과
어리석고 우매한 삼독의 불에서 건져 내려고, 그들을 교화하여

아	뇩	다	라	삼	먁	삼	보	리	
阿	耨	多	羅	三	藐	三	菩	提	
언덕 아	김맬 누(뇩)	많을 다	새그물 라	석 삼	아득할 막(먁)	석 삼	보리 보	끝 제(리)	

견	제	중	생		위	생	로	병	사
見	諸	衆	生		爲	生	老	病	死
볼 견	모든 제	무리 중	날 생		할 위	날 생	늙을 로	병들 병	죽을 사

우	비	고	뇌	지	소	소	자		역
憂	悲	苦	惱	之	所	燒	煮		亦
근심할 우	슬플 비	괴로울 고	괴로워할 뇌	어조사 지	바 소	사를 소	삶을 자		또 역

이	오	욕	재	리	고		수	종	종
以	五	欲	財	利	故		受	種	種
써 이	다섯 오	욕심 욕	재물 재	이로울 리	연고 고		받을 수	종류 종	종류 종

고		우	이	탐	착	추	구	고	
苦		又	以	貪	著	追	求	故	
괴로울 고		또 우	써 이	탐할 탐	잡을 착	쫓을 추	구할 구	연고 고	

아뇩다라삼먁삼보리를 얻게 하느니라. 모든 중생들을 보아하니
생·노·병·사와 근심·슬픔·괴로움·번민으로 인해 불타고 있느니라.
또한 다섯 가지 욕망과 재물 때문에 여러 가지 고통을 당하고 있느니라.
또 욕망을 탐착하고 끝없이 추구하므로

현	수	중	고		후	수	지	옥	축
現	受	衆	苦		後	受	地	獄	畜
지금 현	받을 수	무리 중	괴로울 고		뒤 후	받을 수	땅 지	옥 옥	기를 축
생		아	귀	지	고		약	생	천
生		餓	鬼	之	苦		若	生	天
날 생		주릴 아	귀신 귀	어조사 지	괴로울 고		만약 약	날 생	하늘 천
상		급	재	인	간		빈	궁	곤
上		及	在	人	間		貧	窮	困
위 상		및 급	있을 재	사람 인	사이 간		가난할 빈	궁할 궁	곤할 곤
고		애	별	리	고		원	증	회
苦		愛	別	離	苦		怨	憎	會
괴로울 고		사랑 애	나눌 별	떠날 리	괴로울 고		원망할 원	미워할 증	모일 회
고		여	시	등			종	종	제	고
苦		如	是	等			種	種	諸	苦
괴로울 고		같을 여	이 시	무리 등			종류 종	종류 종	모든 제	괴로울 고

> 살아서는 현세에서 온갖 고통을 받으며, 후세에 죽어서는 지옥이나
> 축생·아귀의 고통을 면치 못하느니라. 혹 천상이나 인간에 태어나더라도
> 빈궁하고 곤고하며, 사랑하는 사람과 이별하는 고통·미워하는 사람과 만나는 고통 등
> 이와 같은 여러 가지 고통들을 받게 되는 것이니라.

중	생		몰	재	기	중		환	희
衆	生		沒	在	其	中		歡	喜
무리 중	날 생		빠질 몰	있을 재	그 기	가운데 중		기쁠 환	기쁠 희

유	희		불	각	부	지		불	경
遊	戲		不	覺	不	知		不	驚
놀 유	장난할 희		아닐 불	깨달을 각	아닐 부	알 지		아닐 불	놀랄 경

불	포		역	불	생	염		불	구
不	怖		亦	不	生	厭		不	求
아닐 불	두려워할 포		또 역	아닐 불	날 생	싫을 염		아닐 불	구할 구

해	탈		어	차	삼	계	화	택	
解	脫		於	此	三	界	火	宅	
풀 해	벗을 탈		어조사 어	이 차	석 삼	지경 계	불 화	집 택	

동	서	치	주		수	조	대	고
東	西	馳	走		雖	遭	大	苦
동녘 동	서녘 서	달릴 치	달릴 주		비록 수	만날 조	큰 대	괴로울 고

그래도 중생들은 그 속에 빠져서 재미있게 노느라고, 그런 괴로움을 깨닫지 못하고
알지 못하며 놀라거나 두려워하지도 않고 또한 싫증내지 않느니라.
따라서 해탈을 구하지도 않고 다만 삼계의 불타는 집에서
동서로 정신없이 뛰어다니며, 비록 큰 고통을 겪게 될지라도

불	이	위	환		사	리	불	불
不	以	爲	患		舍	利	弗	佛
아닐 불	써 이	할 위	근심 환		집 사	이로울 리	아닐 불	부처 불

견	차	이		변	작	시	념	아
見	此	已		便	作	是	念	我
볼 견	이 차	마칠 이		문득 변	지을 작	이 시	생각 념	나 아

위	중	생	지	부		응	발	기	고
爲	衆	生	之	父		應	拔	其	苦
할 위	무리 중	날 생	어조사 지	아비 부		응당히 응	뺄 발	그 기	괴로울 고

난		여	무	량	무	변		불	지
難		與	無	量	無	邊		佛	智
어려울 난		줄 여	없을 무	헤아릴 량	없을 무	가 변		부처 불	슬기 지

혜	락		영	기	유	희		사	리
慧	樂		令	其	遊	戲		舍	利
지혜 혜	즐길 락		하여금 영	그 기	놀 유	장난할 희		집 사	이로울 리

걱정조차 하지 않느니라. 사리불아! 부처님은 이를 보고 문득 생각하되,
'나는 중생들의 아버지이니 응당 이 괴로움과 어려움을 뽑아 없애주고,
한량없고 그지없는 부처님 지혜의 즐거움을 주어서
중생들로 하여금 재미있게 놀도록 해야겠다.'

불		여	래		부	작	시	념
弗		如	來		復	作	是	念
아닐 불		같을 여	올 래		다시 부	지을 작	이 시	생각 념

약	아	단	이	신	력		급	지	혜
若	我	但	以	神	力		及	智	慧
만약 약	나 아	다만 단	써 이	신통할 신	힘 력		및 급	슬기 지	지혜 혜

력		사	어	방	편		위	제	중
力		捨	於	方	便		爲	諸	衆
힘 력		버릴 사	어조사 어	처방 방	편할 편		위할 위	모든 제	무리 중

생		찬	여	래	지	견		역	무
生		讚	如	來	知	見		力	無
날 생		칭찬할 찬	같을 여	올 래	알 지	볼 견		힘 력	없을 무

소	외	자		중	생	불	능		이
所	畏	者		衆	生	不	能		以
바 소	두려워할 외	놈 자		무리 중	날 생	아닐 불	능할 능		써 이

사리불아, 여래는 또 이렇게 생각하였느니라.
'내가 만약 다만 신통력과 지혜의 힘만 가지고 방편을 저버린 채,
모든 중생들을 위하여 여래의 열 가지 지혜의 힘과 네 가지 두려움 없음에 대해서만
찬탄한다면 중생들을 제도하기 어려우리라.

시	득	도		소	이	자	하		시
是	得	度		所	以	者	何		是
이 시	얻을 득	건널 도		바 소	써 이	놈 자	어찌 하		이 시

제	중	생		미	면	생	로	병	사
諸	衆	生		未	免	生	老	病	死
모든 제	무리 중	날 생		아닐 미	면할 면	날 생	늙을 로	병들 병	죽을 사

우	비	고	뇌		이	위	삼	계	화
憂	悲	苦	惱		而	爲	三	界	火
근심할 우	슬플 비	괴로울 고	괴로워할 뇌		말이을 이	할 위	석 삼	지경 계	불 화

택	소	소		하	유	능	해		불
宅	所	燒		何	由	能	解		佛
집 택	바 소	사를 소		어찌 하	말미암을 유	능할 능	풀 해		부처 불

지	지	혜		사	리	불		여	피
之	智	慧		舍	利	弗		如	彼
어조사 지	슬기 지	지혜 혜		집 사	이로울 리	아닐 불		같을 여	저 피

왜냐하면 이 모든 중생들은 생·노·병·사와 근심·슬픔·괴로움·
번민을 면치 못해 삼계의 불타는 집에서 곧 불타 죽게 생겼거늘,
무엇을 말미암아 부처님 지혜를 이해할 수 있겠는가!'
사리불아!

장	자		수	부	신	수	유	력
長	者		雖	復	身	手	有	力
길장	놈자		비록수	다시부	몸신	손수	있을유	힘력

이	불	용	지		단	이	은	근	방
而	不	用	之		但	以	慇	懃	方
말이을이	아닐불	쓸용	어조사지		다만단	써이	은근할은	은근할근	처방방

편		면	제	제	자		화	택	지
便		勉	濟	諸	子		火	宅	之
편할편		힘쓸면	건널제	모든제	아들자		불화	집택	어조사지

난	연	후		각	여	진	보	대	거
難	然	後		各	與	珍	寶	大	車
어려울난	그러할연	뒤후		각각각	줄여	보배진	보배보	큰대	수레거

여	래		역	부	여	시		수	유
如	來		亦	復	如	是		雖	有
같을여	올래		또역	다시부	같을여	이시		비록수	있을유

아까 장자가 몸에 힘이 있었으나 그것을 쓰지 않고,
은근히 방편을 써서 모든 자식들을 불타는 집에서 건져낸 뒤에
각각 커다란 보배 수레를 주지 않았더냐?
여래도 또한 그와 마찬가지로

력	무	소	외		이	불	용	지
力	無	所	畏		而	不	用	之
힘 력	없을 무	바 소	두려워할 외		말이을 이	아닐 불	쓸 용	어조사 지

단	이	지	혜	방	편	어	삼	계
但	以	智	慧	方	便	於	三	界
다만 단	써 이	슬기 지	지혜 혜	처방 방	편할 편	어조사 어	석 삼	지경 계

화	택		발	제	중	생	위	설
火	宅		拔	濟	衆	生	爲	說
불 화	집 택		뺄 발	건널 제	무리 중	날 생	위할 위	말씀 설

삼	승		성	문	벽	지	불	불	승
三	乘		聲	聞	辟	支	佛	佛	乘
석 삼	탈 승		소리 성	들을 문	임금 벽	지탱할 지	부처 불	부처 불	탈 승

이	작	시	언		여	등		막	득
而	作	是	言		汝	等		莫	得
말이을 이	지을 작	이 시	말씀 언		너 여	무리 등		말 막	얻을 득

비록 지혜의 힘과 두려움 없음을 갖추고는 있지만
그것을 함부로 쓰지 않느니라. 대신에 지혜로운 방편으로써
삼계의 불타는 집에서 중생들을 건져내고자, 성문승·벽지불승·
불승의 삼승을 설하여 이렇게 말하느니라. '너희들은

락	주		삼	계	화	택		물	탐
樂	住		三	界	火	宅		勿	貪
즐길 락	머물 주		석 삼	지경 계	불 화	집 택		말 물	탐할 탐

추	폐		색	성	향	미	촉	야	
麤	弊		色	聲	香	味	觸	也	
거칠 추	해질 폐		빛 색	소리 성	향기 향	맛 미	닿을 촉	어조사 야	

약	탐	착	생	애		즉	위	소	소
若	貪	著	生	愛		則	爲	所	燒
만약 약	탐할 탐	잡을 착	날 생	사랑 애		곧 즉	할 위	바 소	사를 소

여	속	출	삼	계		당	득	삼	승
汝	速	出	三	界		當	得	三	乘
너 여	빠를 속	날 출	석 삼	지경 계		마땅히 당	얻을 득	석 삼	탈 승

성	문	벽	지	불	불	승		아	금
聲	聞	辟	支	佛	佛	乘		我	今
소리 성	들을 문	임금 벽	지탱할 지	부처 불	부처 불	탈 승		나 아	이제 금

삼계의 불타는 집에 머물러 있기를 좋아하지 말라. 즉 더럽고 변변치 않은
빛깔·소리·냄새·맛·감촉 따위를 탐내지 말라. 만일 탐내서 애착을 가지게 되면
곧 불에 타 죽게 되느니라. 너희들은 빨리 삼계에서 나오너라!
그러면 마땅히 성문승·벽지불승·불승의 삼승을 얻으리라. 내가 지금

위	여		보	임	차	사		종	불
爲	汝		保	任	此	事		終	不
위할위	너여		보증할보	맡길임	이차	일사		마침내종	아닐불

허	야		여	등		단	당	근	수
虛	也		汝	等		但	當	勤	修
빌허	어조사야		너여	무리등		다만단	마땅히당	부지런할근	닦을수

정	진		여	래		이	시	방	편
精	進		如	來		以	是	方	便
정미할정	나아갈진		같을여	올래		써이	이시	처방방	편할편

유	진	중	생		부	작	시	언	
誘	進	衆	生		復	作	是	言	
달랠유	나아갈진	무리중	날생		다시부	지을작	이시	말씀언	

여	등	당	지		차	삼	승	법	
汝	等	當	知		此	三	乘	法	
너여	무리등	마땅히당	알지		이차	석삼	탈승	법법	

너희들을 위하여 이 일을 책임지고 보증하리니, 결코 거짓이 아니로다.
너희들은 다만 마땅히 부지런히 닦으며 정진하도록 하라!'
여래는 이러한 방편으로써 중생들을 권유하여 더 나아가도록 하고는 다시 말하기를,
 '너희들은 마땅히 알지니라. 이 삼승법은

개	시	성	소	칭	탄		자	재	무
皆	是	聖	所	稱	歎		自	在	無
다 개	이 시	성인 성	바 소	일컬을 칭	찬탄할 탄		스스로 자	있을 재	없을 무

계		무	소	의	구		승	시	삼
繫		無	所	依	求		乘	是	三
맬 계		없을 무	바 소	의지할 의	구할 구		탈 승	이 시	석 삼

승		이	무	루	근	력	각	도	
乘		以	無	漏	根	力	覺	道	
탈 승		써 이	없을 무	샐 루	뿌리 근	힘 력	깨달을 각	길 도	

선	정	해	탈		삼	매	등		이
禪	定	解	脫		三	昧	等		而
고요할 선	선정 정	풀 해	벗을 탈		석 삼	어두울 매	무리 등		말이을 이

자	오	락		변	득	무	량		안
自	娛	樂		便	得	無	量		安
스스로 자	즐거워할 오	즐길 락		문득 변	얻을 득	없을 무	헤아릴 량		편안할 안

바로 성인께서 다 찬탄하신 것으로, 자유자재하여 속박이 없으며
의지하거나 더 구할 것이 없느니라. 이 삼승법을 닦으면 번뇌 없는 무루의
오근·오력·칠각지·팔정도·사선·사정·팔해탈·삼삼매 등으로써
저절로 즐거워질 뿐만 아니라 한량없이

제3 비유품

은	쾌	락		사	리	불		약	유
隱	快	樂		舍	利	弗		若	有
편안할 은	쾌할 쾌	즐길 락		집 사	이로울 리	아닐 불		만약 약	있을 유

중	생		내	유	지	성		종	불
衆	生		內	有	智	性		從	佛
무리 중	날 생		안 내	있을 유	슬기 지	성품 성		좇을 종	부처 불

세	존		문	법	신	수		은	근
世	尊		聞	法	信	受		慇	懃
세상 세	높을 존		들을 문	법 법	믿을 신	받을 수		은근할 은	은근할 근

정	진		욕	속	출	삼	계		자
精	進		欲	速	出	三	界		自
정미할 정	나아갈 진		하고자할 욕	빠를 속	날 출	석 삼	지경 계		스스로 자

구	열	반		시	명	성	문	승	
求	涅	槃		是	名	聲	聞	乘	
구할 구	개흙 열	쟁반 반		이 시	이름 명	소리 성	들을 문	탈 승	

안온한 쾌락을 얻으리라!'
사리불아! 만약 어떤 중생이 안으로 지혜의 성품을 지니어서
부처님께 법을 듣고는 믿고 수긍하며, 부지런히 정진하여 삼계에서 빨리
벗어나려고 스스로 열반을 구한다면 이를 일러 '성문승'이라 하느니라.

여	피	제	자		위	구	양	거	
如	彼	諸	子		爲	求	羊	車	
같을여	저피	모든제	아들자		위할위	구할구	양양	수레거	
출	어	화	택		약	유	중	생	
出	於	火	宅		若	有	衆	生	
날출	어조사어	불화	집택		만약약	있을유	무리중	날생	
종	불	세	존		문	법	신	수	
從	佛	世	尊		聞	法	信	受	
좇을종	부처불	세상세	높을존		들을문	법법	믿을신	받을수	
은	근	정	진		구	자	연	혜	
慇	懃	精	進		求	自	然	慧	
은근할은	은근할근	정미할정	나아갈진		구할구	스스로자	그러할연	지혜혜	
낙	독	선	적		심	지	제	법	인
樂	獨	善	寂		深	知	諸	法	因
즐길낙	홀로독	착할선	고요할적		깊을심	알지	모든제	법법	인할인

> 마치 저 여러 아이들이 양의 수레를 가지려고 불난 집에서 뛰쳐나온 것과
> 같으니라. 만약 어떤 중생이 부처님께 법을 듣고는
> 믿고 수긍하며 부지런히 정진하여 자연지혜를 구하되,
> 혼자 고요한 곳에 있기를 좋아하며 모든 법의 인연을 깊이 헤아린다면

연		시	명	벽	지	불	승		여
緣		是	名	辟	支	佛	乘		如
인연 연		이 시	이름 명	임금 벽	지탱할 지	부처 불	탈 승		같을 여

피	제	자		위	구	녹	거		출
彼	諸	子		爲	求	鹿	車		出
저 피	모든 제	아들 자		위할 위	구할 구	사슴 녹	수레 거		날 출

어	화	택		약	유	중	생		종
於	火	宅		若	有	衆	生		從
어조사 어	불 화	집 택		만약 약	있을 유	무리 중	날 생		좇을 종

불	세	존		문	법	신	수		근
佛	世	尊		聞	法	信	受		勤
부처 불	세상 세	높을 존		들을 문	법 법	믿을 신	받을 수		부지런할 근

수	정	진		구	일	체	지		불
修	精	進		求	一	切	智		佛
닦을 수	정미할 정	나아갈 진		구할 구	한 일	모두 체	슬기 지		부처 불

이를 일러 '벽지불승'이라 하느니라. 마치 저 여러 아이들이
사슴의 수레를 가지려고 불난 집에서 뛰쳐나온 것과 같으니라.
만약 어떤 중생이 부처님께 법을 듣고는
믿고 수긍하며 부지런히 정진하여 일체지·

지		자	연	지		무	사	지	
智		自	然	智		無	師	智	
슬기 지		스스로 자	그러할 연	슬기 지		없을 무	스승 사	슬기 지	

여	래	지	견		역	무	소	외
如	來	知	見		力	無	所	畏
같을 여	올 래	알 지	볼 견		힘 역	없을 무	바 소	두려워할 외

민	념	안	락		무	량	중	생
愍	念	安	樂		無	量	衆	生
가엾을 민	생각할 념	편안할 안	즐길 락		없을 무	헤아릴 량	무리 중	날 생

이	익	천	인		도	탈	일	체
利	益	天	人		度	脫	一	切
이로울 이	더할 익	하늘 천	사람 인		건널 도	벗을 탈	한 일	모두 체

시	명	대	승		보	살	구	차	승
是	名	大	乘		菩	薩	求	此	乘
이 시	이름 명	큰 대	탈 승		보리 보	보살 살	구할 구	이 차	탈 승

불지·자연지·무사지 등 여래의 지혜인 십력과 두려움 없음을 구한다고 하자.
그리고 한량없는 중생들을 가엾이 여겨 안락하게 하며, 하늘천신과 사람들을
이롭게 할 뿐 아니라 일체 중생들을 제도하여 해탈케 한다면
이를 일러 '대승'이라 하느니라. 보살이 대승을 구하는 까닭에

고		명	위	마	하	살		여	피
故		名	爲	摩	訶	薩		如	彼
연고 고		이름 명	할 위	갈 마	꾸짖을 가(하)	보살 살		같을 여	저 피

제	자		위	구	우	거		출	어
諸	子		爲	求	牛	車		出	於
모든 제	아들 자		위할 위	구할 구	소 우	수레 거		날 출	어조사 어

화	택		사	리	불			여	피	장
火	宅		舍	利	弗			如	彼	長
불 화	집 택		집 사	이로울 리	아닐 불			같을 여	저 피	길 장

자		견	제	자	등			안	은	득
者		見	諸	子	等			安	隱	得
놈 자		볼 견	모든 제	아들 자	무리 등			편안할 안	편안할 은	얻을 득

출	화	택		도	무	외	처		자
出	火	宅		到	無	畏	處		自
날 출	불 화	집 택		이를 도	없을 무	두려워할 외	곳 처		스스로 자

'마하살'이라 부르나니, 마치 저 여러 아이들이
소의 수레를 가지려고 불난 집에서 뛰쳐나온 것과 같으니라.
사리불아! 저 장자가 모든 아이들이 불난 집에서 벗어나
걱정 없는 곳에 이르러 무사히 있는 것을 보고,

유	재	부	무	량		등	이	대	거
惟	財	富	無	量		等	以	大	車
생각할 유	재물 재	부자 부	없을 무	헤아릴 량		같을 등	써 이	큰 대	수레 거

이	사	제	자		여	래		역	부
而	賜	諸	子		如	來		亦	復
말이을 이	줄 사	모든 제	아들 자		같을 여	올 래		또 역	다시 부

여	시		위	일	체	중	생	지	부
如	是		爲	一	切	衆	生	之	父
같을 여	이 시		할 위	한 일	모두 체	무리 중	날 생	어조사 지	아비 부

약	견	무	량		역	천	중	생	
若	見	無	量		億	千	衆	生	
만약 약	볼 견	없을 무	헤아릴 량		억 억	일천 천	무리 중	날 생	

이	불	교	문		출	삼	계	고	
以	佛	敎	門		出	三	界	苦	
써 이	부처 불	가르침 교	문 문		날 출	석 삼	지경 계	괴로울 고	

> 또 자기 재물이 한량없는 것을 감안해서 아이들에게 똑같이
> 큰 수레를 주었듯이 여래 역시 일체 중생들의 아버지이니라.
> 그리하여 만약 한량없는 억천 명의 중생들이
> 부처님 법문을 통해 삼계의 괴로움,

포	외	험	도		득	열	반	락
怖	畏	險	道		得	涅	槃	樂
두려워할 포	두려워할 외	험할 험	길 도		얻을 득	개흙 열	쟁반 반	즐길 락

여	래	이	시		변	작	시	념
如	來	爾	時		便	作	是	念
같을 여	올 래	그 이	때 시		문득 변	지을 작	이 시	생각 념

아	유		무	량	무	변	지	혜
我	有		無	量	無	邊	智	慧
나 아	있을 유		없을 무	헤아릴 량	없을 무	가 변	슬기 지	지혜 혜

역	무	외	등		제	불	법	장
力	無	畏	等		諸	佛	法	藏
힘 역	없을 무	두려워할 외	무리 등		모든 제	부처 불	법 법	곳간 장

시	제	중	생		개	시	아	자
是	諸	衆	生		皆	是	我	子
이 시	모든 제	무리 중	날 생		다 개	이 시	나 아	아들 자

곧 두렵고 험한 길에서 벗어나 열반의 즐거움을 얻은 걸 보면
여래는 그때 문득 이러한 생각을 하게 되느니라.
'나는 한량없고 그지없는 지혜의 힘과 두려움 없음 등 모든
부처님의 법장을 지니고 있으며, 모든 중생들은 다 나의 자식이니

등	여	대	승		불	령	유	인
等	與	大	乘		不	令	有	人
같을 등	줄 여	큰 대	탈 승		아닐 불	하여금 령	있을 유	사람 인

독	득	멸	도		개	이	여	래	멸
獨	得	滅	度		皆	以	如	來	滅
홀로 독	얻을 득	멸할 멸	건널 도		다 개	써 이	같을 여	올 래	멸할 멸

도		이	멸	도	지		시	제	중
度		而	滅	度	之		是	諸	衆
건널 도		말이을 이	멸할 멸	건널 도	어조사 지		이 시	모든 제	무리 중

생		탈	삼	계	자		실	여	제
生		脫	三	界	者		悉	與	諸
날 생		벗을 탈	석 삼	지경 계	놈 자		다 실	줄 여	모든 제

불		선	정	해	탈	등		오	락
佛		禪	定	解	脫	等		娛	樂
부처 불		고요할 선	선정 정	풀 해	벗을 탈	무리 등		즐거워할 오	즐길 락

> 똑같이 대승을 주리라. 그래서 어떤 누구라도 홀로
> 소승 열반을 얻게 하지 않고, 모두 여래의 참된 열반을 얻게 하리라!'
> 이리하여 삼계에서 벗어난 모든 중생들에게
> 전부 부처님의 선정과 해탈 등의 장난감을 주되,

지	구		개	시	일	상	일	종	
之	具		皆	是	一	相	一	種	
어조사지	갖출구		다개	이시	한일	모양상	한일	종류종	

성	소	칭	탄		능	생	정	묘	
聖	所	稱	歎		能	生	淨	妙	
성인성	바소	일컬을칭	찬탄할탄		능할능	날생	깨끗할정	묘할묘	

제	일	지	락		사	리	불		여
第	一	之	樂		舍	利	弗		如
차례제	한일	어조사지	즐길락		집사	이로울리	아닐불		같을여

피	장	자		초	이	삼	거		유
彼	長	者		初	以	三	車		誘
저피	길장	놈자		처음초	써이	석삼	수레거		달랠유

인	제	자	연	후		단	여	대	거
引	諸	子	然	後		但	與	大	車
끌인	모든제	아들자	그러할연	뒤후		다만단	줄여	큰대	수레거

그 모두가 한 모양이요 한 종류로 성인들이 칭찬하는 것이니
깨끗하고 미묘하며 제일가는 즐거움을 주느니라.
사리불아! 마치 장자가 처음엔 세 가지 수레로써
아이들을 달래어 나오게 해 놓고는,

보	물	장	엄		안	은	제	일
寶	物	莊	嚴		安	隱	第	一
보배보	만물물	꾸밀장	엄할엄		편안할안	편안할은	차례제	한일

연	피	장	자		무	허	망	지	구
然	彼	長	者		無	虛	妄	之	咎
그러할연	저피	길장	놈자		없을무	빌허	허망할망	어조사지	허물구

여	래		역	부	여	시		무	유
如	來		亦	復	如	是		無	有
같을여	올래		또역	다시부	같을여	이시		없을무	있을유

허	망		초	설	삼	승		인	도
虛	妄		初	說	三	乘		引	導
빌허	허망할망		처음초	말씀설	석삼	탈승		끌인	이끌도

중	생	연	후		단	이	대	승
衆	生	然	後		但	以	大	乘
무리중	날생	그러할연	뒤후		다만단	써이	큰대	탈승

보물로 장엄된 제일 안락하고 큰 수레만을 똑같이 나눠준 것과 같으니라.
하지만 장자에게 거짓말의 허물이 없는 것처럼 여래도 마찬가지로
거짓말의 허물이 없느니라. 즉 여래는 처음에 삼승을 설하여
중생들을 인도한 다음부터는, 오로지 대승으로써

이	도	탈	지		하	이	고		여
而	度	脫	之		何	以	故		如
말 이을 이	건널 도	벗을 탈	어조사 지		어찌 하	써 이	연고 고		같을 여

래	유	무	량	지	혜		역	무	소
來	有	無	量	智	慧		力	無	所
올 래	있을 유	없을 무	헤아릴 량	슬기 지	지혜 혜		힘 역	없을 무	바 소

외		제	법	지	장		능	여	일
畏		諸	法	之	藏		能	與	一
두려워할 외		모든 제	법 법	어조사 지	곳간 장		능할 능	줄 여	한 일

체	중	생		대	승	지	법		단
切	衆	生		大	乘	之	法		但
모두 체	무리 중	날 생		큰 대	탈 승	어조사 지	법 법		다만 단

부	진	능	수		사	리	불		이
不	盡	能	受		舍	利	弗		以
아닐 부	다할 진	능할 능	받을 수		집 사	이로울 리	아닐 불		써 이

제도하여 해탈케 하느니라. 왜냐하면 여래는 한량없는 지혜의 힘과
두려움 없음 등 모든 법장들을 갖추고 있어서,
일체 중생들에게 대승법을 줄 수 있었으나
다만 중생들이 다 받아들일 수가 없었기 때문이니라. 사리불아!

시	인	연		당	지	제	불		방
是	因	緣		當	知	諸	佛		方
이 시	인할 인	인연 연		마땅히 당	알 지	모든 제	부처 불		처방 방

편	력	고		어	일	불	승		분
便	力	故		於	一	佛	乘		分
편할 편	힘 력	연고 고		어조사 어	한 일	부처 불	탈 승		나눌 분

별	설	삼		불	욕	중	선	차	의
別	說	三		佛	欲	重	宣	此	義
나눌 별	말씀 설	석 삼		부처 불	하고자할 욕	거듭할 중	베풀 선	이 차	의미 의

이	설	게	언		비	여	장	자
而	說	偈	言		譬	如	長	者
말이을 이	말씀 설	게송 게	말씀 언		비유할 비	같을 여	길 장	놈 자

유	일	대	택		기	택	구	고
有	一	大	宅		其	宅	久	故
있을 유	한 일	큰 대	집 택		그 기	집 택	오랠 구	오랠 고

이러한 인연으로써 모든 부처님들께서는 방편력을 쓰느라고,
일불승을 삼승으로 분별하여 설하신다는 점을 명심해야 하느니라."
부처님께서 거듭 의미를 표현하시고자 게송으로 말씀하셨다.
　　예를 들어 어떤 장자가 큰 집을 가지고 있었는데, 지은 지 오래 되어

이	부	돈	폐		당	사	고	위
而	復	頓	弊		堂	舍	高	危
말이을 이	다시 부	무너질 돈	해질 폐		집 당	집 사	높을 고	위태할 위

주	근	최	후		양	동	경	사
柱	根	摧	朽		梁	棟	傾	斜
기둥 주	뿌리 근	꺾을 최	썩을 후		대들보 양	마룻대 동	기울 경	비낄 사

기	폐	퇴	훼		장	벽	비	탁
基	陛	隤	毀		牆	壁	圮	坼
터 기	섬돌 폐	무너질 퇴	헐 훼		담 장	벽 벽	무너질 비	터질 탁

이	도	치	락		부	점	난	추
泥	塗	阤	落		覆	苫	亂	墜
진흙 이	바를 도	무너질 치	떨어질 락		덮을 부	이엉 점	어지러울 난	떨어질 추

연	려	차	탈		주	장	굴	곡
椽	梠	差	脫		周	障	屈	曲
서까래 연	처마 려	어긋날 차	벗을 탈		두루 주	막을 장	굽을 굴	굽을 곡

낡고 퇴락하였도다. 집채는 높아 위태롭고 기둥뿌리는 썩어 들어가며
대들보는 기우는 데다가 축대와 섬돌은 무너져 헐어지고, 벽과 담장은 갈라져서
진흙 바른 것이 허물어 부서지거늘 지붕의 이엉마저 어지럽게 떨어져 내리며
서까래와 처마도 엇갈려 벌어졌도다. 담장은 내려앉은 채

잡	예	충	변		유	오	백	인
雜	穢	充	遍		有	五	百	人
섞일 잡	더러울 예	찰 충	두루 편(변)		있을 유	다섯 오	일백 백	사람 인

지	주	기	중		치	효	조	취
止	住	其	中		鴟	梟	雕	鷲
그칠 지	머물 주	그 기	가운데 중		솔개 치	올빼미 효	독수리 조	독수리 취

오	작	구	합		원	사	복	갈
烏	鵲	鳩	鴿		蚖	蛇	蝮	蠍
까마귀 오	까치 작	비둘기 구	집비둘기 합		살무사 원	뱀 사	살무사 복	전갈 헐(갈)

오	공	유	연		수	궁	백	족
蜈	蚣	蚰	蜒		守	宮	百	足
지네 오	지네 공	그리마 유	그리마 연		지킬 수	집 궁	일백 백	발 족

유	리	혜	서		제	악	충	배
鼬	貍	鼷	鼠		諸	惡	蟲	輩
족제비 유	삵 리	생쥐 혜	쥐 서		모든 제	악할 악	벌레 충	무리 배

> 더러운 것들로 가득 찼는데 자그마치 오백 명이나 되는 사람들이
> 그 속에 살고 있었도다. 소리개·부엉이·독수리·까마귀·까치·비둘기와
> 뱀·살모사·전갈·지네·그리마·도마뱀·노래기와
> 족제비·살쾡이·생쥐·쥐 등 온갖 나쁜 벌레들이

교	횡	치	주		시	뇨	취	처
交	橫	馳	走		屎	尿	臭	處
사귈 교	비낄 횡	달릴 치	달릴 주		똥 시	오줌 뇨	냄새 취	곳 처

부	정	유	일		강	랑	제	충
不	淨	流	溢		蜣	蜋	諸	蟲
아닐 부	깨끗할 정	흐를 유	넘칠 일		말똥구리 강	말똥구리 랑	모든 제	벌레 충

이	집	기	상		호	랑	야	간
而	集	其	上		狐	狼	野	干
말이을 이	모일 집	그 기	위 상		여우 호	이리 랑	들 야	방패 간

저	작	천	답		제	설	사	시
咀	嚼	踐	踏		嚌	齧	死	屍
씹을 저	씹을 작	밟을 천	밟을 답		맛볼 제	씹을 설	죽을 사	주검 시

골	육	낭	자		유	시	군	구
骨	肉	狼	藉		由	是	群	狗
뼈 골	고기 육	어지러울 낭	어수선할 자		말미암을 유	이 시	무리 군	개 구

> 서로 달음질치며, 똥과 오줌 냄새 뒤섞인 곳엔 더러운 오물이 넘쳐흐르고
> 말똥구리와 풍뎅이들 온갖 벌레들이 그 위에 우글거렸도다.
> 여우·이리·승냥이는 서로 씹어 먹고 짓밟으며 죽은 송장을
> 뜯어먹느라 골육이 낭자하고, 이로 인해 뭇 개들조차 달려와서

경	래	박	찰		기	리	장	황
競	來	搏	撮		飢	羸	悇	惶
다툴 경	올 래	칠 박	당길 촬		주릴 기	여윌 리	두려울 장	두려워할 황

처	처	구	식		투	쟁	자	철
處	處	求	食		鬪	諍	摣	掣
곳 처	곳 처	구할 구	먹을 식		싸움 투	다툴 쟁	잡을 자	당길 철

애	재	호	폐		기	사	공	포
嗁	喍	嘷	吠		其	舍	恐	怖
물어뜯을 애	개싸움할 재	짖을 호	짖을 폐		그 기	집 사	두려울 공	두려워할 포

변	상	여	시		처	처	개	유
變	狀	如	是		處	處	皆	有
변할 변	형상 상	같을 여	이 시		곳 처	곳 처	다 개	있을 유

이	매	망	량		야	차	악	귀
魑	魅	魍	魎		夜	叉	惡	鬼
도깨비 이	도깨비 매	도깨비 망	도깨비 량		밤 야	깍지낄 차	악할 악	귀신 귀

잡아 뜯으며 굶주림에 환장하여 곳곳에서 먹을 것을 가지고
다투며 서로 잡아당기고, 으르렁거리며 시끄럽게 짖어대나니
그 집의 두렵고 험악한 형국이 이러하였도다.
곳곳에서 도깨비와 허깨비가 출몰하매 야차와 사악한 귀신들

식	담	인	육		독	충	지	속
食	噉	人	肉		毒	蟲	之	屬
먹을 식	씹을 담	사람 인	고기 육		독 독	벌레 충	어조사 지	무리 속

제	악	금	수		부	유	산	생
諸	惡	禽	獸		孚	乳	産	生
모든 제	악할 악	날짐승 금	짐승 수		기를 부	젖 유	낳을 산	날 생

각	자	장	호		야	차	경	래
各	自	藏	護		夜	叉	競	來
각각 각	스스로 자	감출 장	보호할 호		밤 야	깍지낄 차	다툴 경	올 래

쟁	취	식	지		식	지	기	포
爭	取	食	之		食	之	旣	飽
다툴 쟁	취할 취	먹을 식	어조사 지		먹을 식	어조사 지	이미 기	배부를 포

악	심	전	치		투	쟁	지	성
惡	心	轉	熾		鬪	諍	之	聲
악할 악	마음 심	구를 전	성할 치		싸움 투	다툴 쟁	어조사 지	소리 성

사람고기를 씹어 먹고 독한 벌레들과 금수들이
제각기 새끼를 몰래 감춰 길러도,
야차가 달려와서 다투어 잡아먹거늘
잡아먹고 배부르면 악한 기운만 치성해져 물어뜯는 소리

심	가	포	외		구	반	다	귀
甚	可	怖	畏		鳩	槃	茶	鬼
심할 심	가히 가	두려워할 포	두려워할 외		비둘기 구	쟁반 반	차 다	귀신 귀

준	거	토	타		혹	시	이	지
蹲	踞	土	埵		或	時	離	地
걸터앉을 준	걸터앉을 거	흙 토	굳은흙 타		혹 혹	때 시	떠날 이	땅 지

일	척	이	척		왕	반	유	행
一	尺	二	尺		往	返	遊	行
한 일	자 척	두 이	자 척		갈 왕	돌아올 반	놀 유	갈 행

종	일	희	희		착	구	양	족
縱	逸	嬉	戲		捉	狗	兩	足
방종할 종	놓을 일	놀 희	장난할 희		잡을 착	개 구	두 양	발 족

박	령	실	성		이	각	가	경
撲	令	失	聲		以	脚	加	頸
칠 박	하여금 령	잃을 실	소리 성		써 이	다리 각	더할 가	목 경

참으로 무섭기 짝이 없었도다. 구반다 귀신은 흙더미에 걸터앉아
어떤 때는 땅 위에서 한 자 두 자 솟구쳐 뛰어오르고
오고가고 노닐며 멋대로 장난치다가, 개의 두 다리를 잡아서
찍소리 못하게 땅에 태질하고는 다리를 가지고 목을 졸라대어

포	구	자	락		부	유	제	귀
怖	狗	自	樂		復	有	諸	鬼
두려워할 포	개 구	스스로 자	즐길 락		다시 부	있을 유	모든 제	귀신 귀

기	신	장	대		나	형	흑	수
其	身	長	大		裸	形	黑	瘦
그 기	몸 신	길 장	큰 대		벌거숭이 나	모양 형	검을 흑	파리할 수

상	주	기	중		발	대	악	성
常	住	其	中		發	大	惡	聲
항상 상	머물 주	그 기	가운데 중		필 발	큰 대	악할 악	소리 성

규	호	구	식		부	유	제	귀
叫	呼	求	食		復	有	諸	鬼
부르짖을 규	부를 호	구할 구	먹을 식		다시 부	있을 유	모든 제	귀신 귀

기	인	여	침		부	유	제	귀
其	咽	如	針		復	有	諸	鬼
그 기	목구멍 인	같을 여	바늘 침		다시 부	있을 유	모든 제	귀신 귀

개가 벌벌 떠는 걸 보고 혼자 좋아하며,
또 어떤 귀신들은 몸이 길고 큰데 벌거벗은 형상에다 시커멓고 야위었나니
항상 그 집 가운데 거처하면서 큰소리로 악을 쓰며 먹을 것을 찾아다니고,
또 어떤 귀신들은 목구멍이 바늘처럼 매우 좁으며 또 어떤 귀신들은

수	여	우	두		혹	식	인	육
首	如	牛	頭		或	食	人	肉
머리 수	같을 여	소 우	머리 두		혹 혹	먹을 식	사람 인	고기 육

혹	부	담	구		두	발	봉	란
或	復	噉	狗		頭	髮	髼	亂
혹 혹	다시 부	씹을 담	개 구		머리 두	터럭 발	더벅머리 봉	어지러울 란

잔	해	흉	험		기	갈	소	핍
殘	害	兇	險		飢	渴	所	逼
해칠 잔	해할 해	흉악할 흉	험할 험		주릴 기	목마를 갈	바 소	닥칠 핍

규	환	치	주		야	차	아	귀
叫	喚	馳	走		夜	叉	餓	鬼
부르짖을 규	부를 환	달릴 치	달릴 주		밤 야	깍지낄 차	주릴 아	귀신 귀

제	악	조	수		기	급	사	향
諸	惡	鳥	獸		飢	急	四	向
모든 제	악할 악	새 조	짐승 수		주릴 기	급할 급	넉 사	향할 향

머리가 소대가리 같은데, 사람고기를 먹기도 하고
개도 잡아먹으면서 봉두난발로 흉악한 데다
기갈이 몹시 심해 울부짖으며 치달리고, 야차와 아귀들
사나운 새와 짐승들 배가 고파 사방으로 흩어져

규	간	창	유		여	시	제	난
窺	看	窓	牖		如	是	諸	難
엿볼 규	볼 간	창 창	창 유		같을 여	이 시	모든 제	어려울 난

공	외	무	량		시	후	고	택
恐	畏	無	量		是	朽	故	宅
두려울 공	두려워할 외	없을 무	헤아릴 량		이 시	썩을 후	오랠 고	집 택

속	우	일	인		기	인	근	출
屬	于	一	人		其	人	近	出
속할 속	어조사 우	한 일	사람 인		그 기	사람 인	가까울 근	날 출

미	구	지	간		어	후	사	택
未	久	之	間		於	後	舍	宅
아닐 미	오랠 구	어조사 지	사이 간		어조사 어	뒤 후	집 사	집 택

홀	연	화	기		사	면	일	시
忽	然	火	起		四	面	一	時
문득 홀	그러할 연	불 화	일어날 기		넉 사	방위 면	한 일	때 시

창틈으로 엿보거니 이와 같은 갖가지 재난들로 정말이지
두렵기가 한량없었도다. 이 낡고 썩어빠진 집은
어떤 한 개인의 소유였는데 그 사람이 외출한 지 얼마 안 되어,
나중에 집에서 홀연히 불이 나 사면으로 일시에

기	염	구	치		동	량	연	주	
其	炎	俱	熾		棟	梁	椽	柱	
그 기	불꽃 염	함께 구	성할 치		마룻대 동	대들보 량	서까래 연	기둥 주	

폭	성	진	열		최	절	타	락	
爆	聲	震	裂		摧	折	墮	落	
터질 폭	소리 성	진동할 진	찢어질 열		꺾을 최	꺾을 절	떨어질 타	떨어질 락	

장	벽	붕	도		제	귀	신	등	
牆	壁	崩	倒		諸	鬼	神	等	
담 장	벽 벽	무너질 붕	넘어질 도		모든 제	귀신 귀	귀신 신	무리 등	

양	성	대	규		조	취	제	조	
揚	聲	大	叫		雕	鷲	諸	鳥	
드날릴 양	소리 성	큰 대	부르짖을 규		독수리 조	독수리 취	모든 제	새 조	

구	반	다	등		주	장	황	포	
鳩	槃	茶	等		周	慞	惶	怖	
비둘기 구	쟁반 반	차 다	무리 등		두루 주	두려울 장	두려워할 황	두려워할 포	

> 불꽃이 타오르니 대들보와 서까래 기둥 튀는 소리
> 벼락치듯 부러져 내리고 담벼락까지 무너져,
> 모든 귀신들 큰 소리로 울부짖고 독수리 같은 많은 새들과
> 구반다 무리 귀신들은 창황히 얼이 빠져

불	능	자	출		악	수	독	충	
不	能	自	出		惡	獸	毒	蟲	
아닐 불	능할 능	스스로 자	날 출		악할 악	짐승 수	독 독	벌레 충	
장	찬	공	혈		비	사	사	귀	
藏	竄	孔	穴		毘	舍	闍	鬼	
감출 장	숨을 찬	구멍 공	구멍 혈		도울 비	집 사	화장할 사	귀신 귀	
역	주	기	중		박	복	덕	고	
亦	住	其	中		薄	福	德	故	
또 역	머물 주	그 기	가운데 중		엷을 박	복 복	덕 덕	연고 고	
위	화	소	핍		공	상	잔	해	
爲	火	所	逼		共	相	殘	害	
할 위	불 화	바 소	닥칠 핍		함께 공	서로 상	해칠 잔	해할 해	
음	혈	담	육		야	간	지	속	
飮	血	噉	肉		野	干	之	屬	
마실 음	피 혈	씹을 담	고기 육		들 야	방패 간	어조사 지	무리 속	

도망 나올 줄 모르거늘, 사나운 짐승과 독한 벌레들은
구멍을 찾아 숨으며 비사사 귀신도 그 속에 있다가 복덕이 없어
그만 불에 타죽게 되었는데도, 서로서로 잡아 죽여서
살을 씹고 피를 빨아 마시느라 정신없고 승냥이 무리들은

병	이	전	사		제	대	악	수
竝	已	前	死		諸	大	惡	獸
아우를 병	이미 이	앞 전	죽을 사		모든 제	큰 대	악할 악	짐승 수

경	래	식	담		취	연	봉	발
競	來	食	噉		臭	烟	熢	焞
다툴 경	올 래	먹을 식	씹을 담		냄새 취	연기 연	연기자욱할 봉	연기날 발

사	면	충	색		오	공	유	연
四	面	充	塞		蜈	蚣	蚰	蜒
넉 사	방위 면	찰 충	막을 색		지네 오	지네 공	그리마 유	그리마 연

독	사	지	류		위	화	소	소
毒	蛇	之	類		爲	火	所	燒
독 독	뱀 사	어조사 지	무리 류		할 위	불 화	바 소	사를 소

쟁	주	출	혈		구	반	다	귀
爭	走	出	穴		鳩	槃	茶	鬼
다툴 쟁	달릴 주	날 출	구멍 혈		비둘기 구	쟁반 반	차 다	귀신 귀

죽은 지 이미 오래 되었거늘, 사나운 큰 짐승들이 달려와서
마구 뜯어먹나니 송장 타는 고약한 연기로 사면이 자욱했도다.
지네·그리마·독사 무리가 뜨거운 불에 데여
구멍에서 기어 나오는 것을 구반다 귀신들이

수	취	이	식		우	제	아	귀
隨	取	而	食		又	諸	餓	鬼
따를 수	취할 취	말이을 이	먹을 식		또 우	모든 제	주릴 아	귀신 귀
두	상	화	연		기	갈	열	뇌
頭	上	火	燃		飢	渴	熱	惱
머리 두	위 상	불 화	사를 연		주릴 기	목마를 갈	더울 열	괴로워할 뇌
주	장	민	주		기	택	여	시
周	慞	悶	走		其	宅	如	是
두루 주	두려울 장	번민할 민	달릴 주		그 기	집 택	같을 여	이 시
심	가	포	외		독	해	화	재
甚	可	怖	畏		毒	害	火	災
심할 심	가히 가	두려워할 포	두려워할 외		독 독	해할 해	불 화	재앙 재
중	난	비	일		시	시	택	주
衆	難	非	一		是	時	宅	主
무리 중	어려울 난	아닐 비	한 일		이 시	때 시	집 택	주인 주

> 날름날름 주워 먹고, 또 모든 아귀들은 머리 위에 불이 붙으매
> 배고프고 뜨거워서 황급하게 미친 듯이 내달리나니,
> 그 집은 이처럼 아주 무섭고 혹독한 재앙과 화재로
> 여러 가지 어려움들이 한두 가지가 아니었도다. 이때 집주인이

재	문	외	립		문	유	인	언
在	門	外	立		聞	有	人	言
있을 재	문 문	바깥 외	설 립		들을 문	있을 유	사람 인	말씀 언

여	제	자	등		선	인	유	희
汝	諸	子	等		先	因	遊	戱
너 여	모든 제	아들 자	무리 등		먼저 선	인할 인	놀 유	장난할 희

내	입	차	택		치	소	무	지
來	入	此	宅		稚	小	無	知
올 내	들 입	이 차	집 택		어릴 치	작을 소	없을 무	알 지

환	오	락	착		장	자	문	이
歡	娛	樂	著		長	者	聞	已
기쁠 환	즐거워할 오	즐길 락	잡을 착		길 장	놈 자	들을 문	마칠 이

경	입	화	택		방	의	구	제
驚	入	火	宅		方	宜	救	濟
놀랄 경	들 입	불 화	집 택		처방 방	마땅할 의	건질 구	건널 제

> 문 밖에 서 있자 어떤 사람이 말하기를,
> '당신 애들이 아까 노느라고 집에 들어갔는데
> 어리고 철이 없어 아직도 노는 데만 팔려나 보오!'
> 장자가 그 말을 듣는 순간 놀라서 불타는 집에 들어가 방편으로 구해내어

영	무	소	해		고	유	제	자
令	無	燒	害		告	喩	諸	子
하여금 영	없을 무	사를 소	해할 해		알릴 고	깨우칠 유	모든 제	아들 자

설	중	환	난		악	귀	독	충
說	衆	患	難		惡	鬼	毒	蟲
말씀 설	무리 중	근심 환	어려울 난		악할 악	귀신 귀	독 독	벌레 충

재	화	만	연		중	고	차	제
災	火	蔓	延		衆	苦	次	第
재앙 재	불 화	덩굴 만	끌 연		무리 중	괴로울 고	버금 차	차례 제

상	속	부	절		독	사	원	복
相	續	不	絶		毒	蛇	蚖	蝮
서로 상	이을 속	아닐 부	끊을 절		독 독	뱀 사	살무사 원	살무사 복

급	제	야	차		구	반	다	귀
及	諸	夜	叉		鳩	槃	茶	鬼
및 급	모든 제	밤 야	깍지낄 차		비둘기 구	쟁반 반	차 다	귀신 귀

불에 타지 않게 하려고 모든 아이들에게 환난에 대해 잘 설명하되,
'악한 귀신과 독한 벌레들 재앙과 화재까지 만연해서
온갖 고통들 차례로 끊이지 않으며,
독사와 살모사 여러 야차들과 구반다 귀신들까지

야	간	호	구		조	취	치	효
野	干	狐	狗		雕	鷲	鴟	梟
들 야	방패 간	여우 호	개 구		독수리 조	독수리 취	솔개 치	올빼미 효

백	족	지	속		기	갈	뇌	급
百	足	之	屬		飢	渴	惱	急
일백 백	발 족	어조사 지	무리 속		주릴 기	목마를 갈	괴로워할 뇌	급할 급

심	가	포	외		차	고	난	처
甚	可	怖	畏		此	苦	難	處
심할 심	가히 가	두려워할 포	두려워할 외		이 차	괴로울 고	어려울 난	곳 처

황	부	대	화		제	자	무	지
況	復	大	火		諸	子	無	知
하물며 황	다시 부	큰 대	불 화		모든 제	아들 자	없을 무	알 지

수	문	부	회		유	고	락	착
雖	聞	父	誨		猶	故	樂	著
비록 수	들을 문	아비 부	가르침 회		오히려 유	옛 고	즐길 락	잡을 착

승냥이·여우·개·독수리·소리개·올빼미랑 또 지네·노래기 같은 여러 벌레들,
몹시도 굶주리고 목이 말라서 두려울 정도로 다급하게 허덕이거늘
이런 고통 난리 속에 큰 불까지 났는데 그냥 있으면 어쩌느냐?'
하지만 모든 애들이 철이 없어서 아버지의 타이름을 듣긴 해도, 오히려 그곳에 더욱 재미를 붙이며

희	희	불	이		시	시	장	자
嬉	戲	不	已		是	時	長	者
놀 희	장난할 희	아닐 불	마칠 이		이 시	때 시	길 장	놈 자

이	작	시	념		제	자	여	차
而	作	是	念		諸	子	如	此
말이을 이	지을 작	이 시	생각 념		모든 제	아들 자	같을 여	이 차

익	아	수	뇌		금	차	사	택
益	我	愁	惱		今	此	舍	宅
더할 익	나 아	시름 수	괴로워할 뇌		이제 금	이 차	집 사	집 택

무	일	가	락		이	제	자	등
無	一	可	樂		而	諸	子	等
없을 무	한 일	가히 가	즐길 락		말이을 이	모든 제	아들 자	무리 등

탐	면	희	희		불	수	아	교
耽	湎	嬉	戲		不	受	我	敎
즐길 탐	빠질 면	놀 희	장난할 희		아닐 불	받을 수	나 아	가르침 교

정신없이 계속 놀기만 하였도다. 이때 장자가 생각하기를,
'모든 아이들이 이처럼 철이 없으니 내 더욱 걱정이로다.
이제 이 집에는 즐거울 게 하나도 없거늘 아이들이
노는 데만 정신 팔려 나의 훈계를 전혀 듣지 않으니

장	위	화	해		즉	변	사	유
將	爲	火	害		卽	便	思	惟
장차 장	할 위	불 화	해할 해		곧 즉	문득 변	생각할 사	생각할 유

설	제	방	편		고	제	자	등
設	諸	方	便		告	諸	子	等
베풀 설	모든 제	처방 방	편할 편		알릴 고	모든 제	아들 자	무리 등

아	유	종	종		진	완	지	구
我	有	種	種		珍	玩	之	具
나 아	있을 유	종류 종	종류 종		보배 진	장난할 완	어조사 지	갖출 구

묘	보	호	거		양	거	녹	거
妙	寶	好	車		羊	車	鹿	車
묘할 묘	보배 보	좋을 호	수레 거		양 양	수레 거	사슴 녹	수레 거

대	우	지	거		금	재	문	외
大	牛	之	車		今	在	門	外
큰 대	소 우	어조사 지	수레 거		이제 금	있을 재	문 문	바깥 외

장차 잘못하면 불에 타죽게 생겼도다.'
그래서 무슨 방편이라도 써야겠다며 이르기를,
'내게 여러 가지 장난감들이 있는데 귀한 보배로 꾸민 양의 수레랑
사슴의 수레, 소의 수레 등 좋은 수레들이 지금 문 밖에 있도다.

여	등	출	래		오	위	여	등
汝	等	出	來		吾	爲	汝	等
너여	무리등	날출	올래		나오	위할위	너여	무리등

조	작	차	거		수	의	소	락
造	作	此	車		隨	意	所	樂
지을조	지을작	이차	수레거		따를수	뜻의	바소	즐길락

가	이	유	희		제	자	문	설
可	以	遊	戱		諸	子	聞	說
가히가	써이	놀유	장난할희		모든제	아들자	들을문	말씀설

여	차	제	거		즉	시	분	경
如	此	諸	車		卽	時	奔	競
같을여	이차	모든제	수레거		곧즉	때시	달릴분	다툴경

치	주	이	출		도	어	공	지
馳	走	而	出		到	於	空	地
달릴치	달릴주	말이을이	날출		이를도	어조사어	빌공	땅지

> 그러니 너희들은 어서 나오너라! 내가 너희들을 위하여
> 이 수레들을 만들었으니 너희들 갖고 싶은 대로 맘껏 가지고 놀아라!'
> 모든 아이들은 그런 수레가 있다는 말을 듣자마자
> 즉시 그 집에서 다툳듯이 뛰쳐나와 커다란 빈 터에 이르러

이	제	고	난		장	자	견	자
離	諸	苦	難		長	者	見	子
떠날 이	모든 제	괴로울 고	어려울 난		길 장	놈 자	볼 견	아들 자

득	출	화	택		주	어	사	구
得	出	火	宅		住	於	四	衢
얻을 득	날 출	불 화	집 택		머물 주	어조사 어	넉 사	네거리 구

좌	사	자	좌		이	자	경	언
坐	師	子	座		而	自	慶	言
앉을 좌	스승 사	아들 자	자리 좌		말이을 이	스스로 자	경사 경	말씀 언

아	금	쾌	락		차	제	자	등
我	今	快	樂		此	諸	子	等
나 아	이제 금	쾌할 쾌	즐길 락		이 차	모든 제	아들 자	무리 등

생	육	심	난		우	소	무	지
生	育	甚	難		愚	小	無	知
날 생	기를 육	심할 심	어려울 난		어리석을 우	작을 소	없을 무	알 지

모든 고난을 여의었도다. 이윽고 장자가 아이들이 불난 집에서 나와
모두 큰 길거리에 있는 것을 보고는 사자좌에 앉아서 스스로
기뻐하며 말하기를, '내 이제야 안심되어 즐겁도다.
여러 애들 기르기 정말 어렵나니, 어리석고 철이 없어서

이	입	험	택		다	제	독	충
而	入	險	宅		多	諸	毒	蟲
말이을이	들입	험할험	집택		많을다	모든제	독독	벌레충

이	매	가	외		대	화	맹	염
魑	魅	可	畏		大	火	猛	炎
도깨비이	도깨비매	가히가	두려워할외		큰대	불화	날랠맹	불탈염

사	면	구	기		이	차	제	자
四	面	俱	起		而	此	諸	子
넉사	방위면	함께구	일어날기		말이을이	이차	모든제	아들자

탐	락	희	희		아	이	구	지
貪	樂	嬉	戱		我	已	救	之
탐할탐	즐길락	놀희	장난할희		나아	이미이	건질구	어조사지

영	득	탈	난		시	고	제	인
令	得	脫	難		是	故	諸	人
하여금영	얻을득	벗을탈	어려울난		이시	연고고	모든제	사람인

위험한 집 속에 들어가 있었네. 여러 독한 벌레들 투성이고
도깨비도 무서운데 큰불까지 나서 불길이 맹렬하게 사방에서 타오르건만
아이들은 장난에만 넋이 팔려 있었네. 그러나 내 이미 구해내어
재난에서 그들을 벗어나게 했으니, 그러므로 여러분!

아	금	쾌	락		이	시	제	자
我	今	快	樂		爾	時	諸	子
나아	이제금	쾌할쾌	즐길락		그이	때시	모든제	아들자

지	부	안	좌		개	예	부	소
知	父	安	坐		皆	詣	父	所
알지	아비부	편안할안	앉을좌		다개	이를예	아비부	곳소

이	백	부	언		원	사	아	등
而	白	父	言		願	賜	我	等
말이을이	사뢸백	아비부	말씀언		원할원	줄사	나아	무리등

삼	종	보	거		여	전	소	허
三	種	寶	車		如	前	所	許
석삼	종류종	보배보	수레거		같을여	앞전	바소	허락할허

제	자	출	래		당	이	삼	거
諸	子	出	來		當	以	三	車
모든제	아들자	날출	올래		마땅히당	써이	석삼	수레거

내 지금 비로소 안심이 됩니다.' 그때에 모든 아이들
아버지께서 편안히 앉아 계심을 알고 모두 아버지 앞에 나아가 사뢰되,
'아버지, 저희들에게 아까 약속하셨던 대로 세 가지 보배수레를 주세요!
저희들이 나오기만 하면, 마땅히 세 가지 수레를

수 隨 따를수	여 汝 너여	소 所 바소	욕 欲 하고자할욕		금 今 이제금	정 正 바를정	시 是 이시	시 時 때시
유 唯 오직유	수 垂 드리울수	급 給 줄급	여 與 줄여		장 長 길장	자 者 놈자	대 大 큰대	부 富 부자부
고 庫 곳집고	장 藏 곳간장	중 衆 무리중	다 多 많을다		금 金 쇠금	은 銀 은은	유 瑠 유리유	리 璃 유리리
자 硨 옥돌자	거 磲 옥돌거	마 瑪 마노마	노 瑙 마노노		이 以 써이	중 衆 무리중	보 寶 보배보	물 物 만물물
조 造 지을조	제 諸 모든제	대 大 큰대	거 車 수레거		장 莊 꾸밀장	교 校 장식할교	엄 嚴 엄할엄	식 飾 꾸밀식

갖고 싶은 대로 주겠다고 하셨으니 지금이 바로
그것을 주실 때입니다. 어서 빨리 나누어주세요!'
장자는 큰 부자여서 창고의 금 은 유리 자거 마노 등
여러 가지 많은 보배들을 가지고 큰 수레를 만들어 장엄하게 꾸몄으니,

주	잡	난	순		사	면	현	령
周	匝	欄	楯		四	面	懸	鈴
두루 주	돌 잡	난간 난	난간 순		넉 사	방위 면	매달 현	방울 령

금	승	교	락		진	주	라	망
金	繩	交	絡		眞	珠	羅	網
쇠 금	먹줄 승	사귈 교	얽을 락		참 진	구슬 주	새그물 라	그물 망

장	시	기	상		금	화	제	영
張	施	其	上		金	華	諸	瓔
베풀 장	베풀 시	그 기	위 상		쇠 금	꽃 화	모든 제	구슬목걸이 영

처	처	수	하		중	채	잡	식
處	處	垂	下		衆	綵	雜	飾
곳 처	곳 처	드리울 수	아래 하		무리 중	비단 채	섞일 잡	꾸밀 식

주	잡	위	요		유	연	증	광
周	匝	圍	繞		柔	軟	繒	纊
두루 주	돌 잡	두를 위	두를 요		부드러울 유	연할 연	비단 증	솜 광

주위에는 난간을 둘렀고 네 귀퉁이마다 풍경을 매달았으며
황금줄을 얽어 늘어뜨리고 진주로 엮은 차일을
그 위에 펼쳤으되, 금으로 된 꽃과 영락들
곳곳에 드리웠으며 각종 비단 두르고 부드러운

이	위	인	욕		상	묘	세	첩
以	爲	茵	蓐		上	妙	細	氎
써 이	할 위	자리 인	요 욕		위 상	묘할 묘	가늘 세	모직물 첩

가	치	천	억		선	백	정	결
價	直	千	億		鮮	白	淨	潔
값 가	값 치	일천 천	억 억		고울 선	흰 백	깨끗할 정	깨끗할 결

이	부	기	상		유	대	백	우
以	覆	其	上		有	大	白	牛
써 이	덮을 부	그 기	위 상		있을 유	큰 대	흰 백	소 우

비	장	다	력		형	체	주	호
肥	壯	多	力		形	體	姝	好
살찔 비	씩씩할 장	많을 다	힘 력		모양 형	몸 체	예쁠 주	좋을 호

이	가	보	거		다	제	빈	종
以	駕	寶	車		多	諸	儐	從
써 이	멍에 가	보배 보	수레 거		많을 다	모든 제	인도할 빈	좇을 종

비단보료 깐 다음 제일 부드럽고 미묘하여
값이 천만억이나 되는 희고 깨끗한 모직물 방석을
그 위에 올려놓았도다. 살찌고 기운 세며 몸집 좋은
커다란 흰 소가 보배수레를 끄는데 많은 시종들이

이	시	위	지		이	시	묘	거
而	侍	衛	之		以	是	妙	車
말이을이	모실시	호위할위	어조사지		써이	이시	묘할묘	수레거

등	사	제	자		제	자	시	시
等	賜	諸	子		諸	子	是	時
같을등	줄사	모든제	아들자		모든제	아들자	이시	때시

환	희	용	약		승	시	보	거
歡	喜	踊	躍		乘	是	寶	車
기쁠환	기쁠희	뛸용	뛸약		탈승	이시	보배보	수레거

유	어	사	방		희	희	쾌	락
遊	於	四	方		嬉	戲	快	樂
놀유	어조사어	넉사	방위방		놀희	장난할희	쾌할쾌	즐길락

자	재	무	애		고	사	리	불
自	在	無	礙		告	舍	利	弗
스스로자	있을재	없을무	거리낄애		알릴고	집사	이로울리	아닐불

모시고 호위하나니 이렇게 좋은 수레를 모두 똑같이 나눠주었도다.
이때 여러 아이들은 환희로 뛸 듯이 기뻐하며
보배수레를 타고 사방으로 달리면서 희희낙락 웃음소리
자유자재 걸림 없었도다. 사리불에게 이르노니,

아	역	여	시		중	성	중	존
我	亦	如	是		衆	聖	中	尊
나 아	또 역	같을 여	이 시		무리 중	성인 성	가운데 중	높을 존
세	간	지	부		일	체	중	생
世	間	之	父		一	切	衆	生
세상 세	사이 간	어조사 지	아비 부		한 일	모두 체	무리 중	날 생
개	시	오	자		심	착	세	락
皆	是	吾	子		深	著	世	樂
다 개	이 시	나 오	아들 자		깊을 심	잡을 착	세상 세	즐길 락
무	유	혜	심		삼	계	무	안
無	有	慧	心		三	界	無	安
없을 무	있을 유	지혜 혜	마음 심		석 삼	지경 계	없을 무	편안할 안
유	여	화	택		중	고	충	만
猶	如	火	宅		衆	苦	充	滿
같을 유	같을 여	불 화	집 택		무리 중	괴로울 고	찰 충	찰 만

나도 또한 마찬가지로 모든 성인 가운데 가장 높은
세간의 아버지이니라. 일체 중생들은 모두 나의 아이들인데
세상의 욕락에 너무 집착하다보니 지혜로운 마음이 없어졌도다.
삼계 어디든 안전한 곳이 없나니 마치 불난 집에 온갖 고통들이 가득 차서

심	가	포	외		상	유	생	로
甚	可	怖	畏		常	有	生	老
심할 심	가히 가	두려워할 포	두려워할 외		항상 상	있을 유	날 생	늙을 로

병	사	우	환		여	시	등	화
病	死	憂	患		如	是	等	火
병들 병	죽을 사	근심할 우	근심 환		같을 여	이 시	무리 등	불 화

치	연	불	식		여	래	이	리
熾	然	不	息		如	來	已	離
성할 치	그러할 연	아닐 불	쉴 식		같을 여	올 래	이미 이	떠날 리

삼	계	화	택		적	연	한	거
三	界	火	宅		寂	然	閑	居
석 삼	지경 계	불 화	집 택		고요할 적	그러할 연	한가할 한	살 거

안	처	임	야		금	차	삼	계
安	處	林	野		今	此	三	界
편안할 안	곳 처	수풀 임	들 야		이제 금	이 차	석 삼	지경 계

> 숨 막히게 두렵고 무서운 것처럼, 항상 생로병사의
> 근심 같은 이러한 불길이 맹렬히 타고 있지만
> 여래는 이미 삼계의 불타는 집에서 벗어나
> 한가롭게 숲에서 고요히 쉬고 있도다. 지금 이 삼계는

개	시	아	유		기	중	중	생
皆	是	我	有		其	中	衆	生
다개	이시	나아	있을유		그기	가운데중	무리중	날생

실	시	오	자		이	금	차	처
悉	是	吾	子		而	今	此	處
다실	이시	나오	아들자		말이을이	이제금	이차	곳처

다	제	환	난		유	아	일	인
多	諸	患	難		唯	我	一	人
많을다	모든제	근심환	어려울난		오직유	나아	한일	사람인

능	위	구	호		수	부	교	조
能	爲	救	護		雖	復	敎	詔
능할능	할위	건질구	보호할호		비록수	다시부	가르칠교	가르칠조

이	불	신	수		어	제	욕	염
而	不	信	受		於	諸	欲	染
말이을이	아닐불	믿을신	받을수		어조사어	모든제	욕심욕	물들염

> 모두 나의 영역이며 그 속의 중생들은 모두 내 아이들이거늘
> 유감스럽게도 지금 이곳은 환난으로 가득하여 오직 나 한 사람만이
> 능히 구호할 수 있도다. 하지만 내가 아무리 타이르고 가르치더라도
> 중생들이 믿고 받아들이지 못하는 것은 다섯 가지 욕망의 즐거움에 물들어서

탐	착	심	고		이	시	방	편
貪	著	深	故		以	是	方	便
탐할 탐	잡을 착	깊을 심	연고 고		써 이	이 시	처방 방	편할 편

위	설	삼	승		영	제	중	생
爲	說	三	乘		令	諸	衆	生
위할 위	말씀 설	석 삼	탈 승		하여금 영	모든 제	무리 중	날 생

지	삼	계	고		개	시	연	설
知	三	界	苦		開	示	演	說
알 지	석 삼	지경 계	괴로울 고		열 개	보일 시	펼 연	말씀 설

출	세	간	도		시	제	자	등
出	世	間	道		是	諸	子	等
날 출	세상 세	사이 간	길 도		이 시	모든 제	아들 자	무리 등

약	심	결	정		구	족	삼	명
若	心	決	定		具	足	三	明
만약 약	마음 심	결단할 결	정할 정		갖출 구	족할 족	석 삼	밝을 명

탐내고 집착하는 정도가 너무 심하기 때문이로다.
이에 좋은 방편으로써 삼승을 설하여 모든 중생들로 하여금
삼계윤회의 고통을 알게 하고는 세간에서 벗어나는 길을 열어 보여 연설하나니,
만일 모든 중생들이 마음을 결정하여 물러서지 않는다면 삼명과

급	육	신	통		유	득	연	각
及	六	神	通		有	得	緣	覺
및 급	여섯 육	신통할 신	통할 통		있을 유	얻을 득	인연 연	깨달을 각

불	퇴	보	살		여	사	리	불
不	退	菩	薩		汝	舍	利	弗
아닐 불	물러날 퇴	보리 보	보살 살		너 여	집 사	이로울 리	아닐 불

아	위	중	생		이	차	비	유
我	爲	衆	生		以	此	譬	喩
나 아	위할 위	무리 중	날 생		써 이	이 차	비유할 비	비유할 유

설	일	불	승		여	등	약	능
說	一	佛	乘		汝	等	若	能
말씀 설	한 일	부처 불	탈 승		너 여	무리 등	만약 약	능할 능

신	수	시	어		일	체	개	당
信	受	是	語		一	切	皆	當
믿을 신	받을 수	이 시	말씀 어		한 일	모두 체	다 개	마땅히 당

육신통을 구족하여 연각승이나 불퇴전보살이 될 수 있도다.
자, 사리불아! 내가 중생들을 위하여
이러한 비유를 들어서 일불승에 대해 말하였거늘, 너희들이
능히 이 말을 믿고 수긍한다면 너희들 일체 중생 모두 반드시

득	성	불	도		시	승	미	묘
得	成	佛	道		是	乘	微	妙
얻을 득	이룰 성	부처 불	길 도		이 시	탈 승	작을 미	묘할 묘

청	정	제	일		어	제	세	간
淸	淨	第	一		於	諸	世	間
맑을 청	깨끗할 정	차례 제	한 일		어조사 어	모든 제	세상 세	사이 간

위	무	유	상		불	소	열	가
爲	無	有	上		佛	所	悅	可
할 위	없을 무	있을 유	위 상		부처 불	바 소	기쁠 열	가히 가

일	체	중	생		소	응	칭	찬
一	切	衆	生		所	應	稱	讚
한 일	모두 체	무리 중	날 생		바 소	응당히 응	일컬을 칭	칭찬할 찬

공	양	예	배		무	량	억	천
供	養	禮	拜		無	量	億	千
이바지할 공	기를 양	예도 예	절 배		없을 무	헤아릴 량	억 억	일천 천

> 불도를 이루리라. 이 일승법은 미묘하고 청정하기가 제일 으뜸이라
> 모든 세간에서 이보다 더 좋은 것이 없으며, 부처님께서
> 기뻐하시는 바이니 일체 모든 중생들이 마땅히 찬탄하고
> 공양하며 예배해야 하느니라. 한량없는 억천 가지의

제	력	해	탈		선	정	지	혜
諸	力	解	脫		禪	定	智	慧
모든 제	힘 력	풀 해	벗을 탈		고요할 선	선정 정	슬기 지	지혜 혜

급	불	여	법		득	여	시	승
及	佛	餘	法		得	如	是	乘
및 급	부처 불	남을 여	법 법		얻을 득	같을 여	이 시	탈 승

영	제	자	등		일	야	겁	수
令	諸	子	等		日	夜	劫	數
하여금 영	모든 제	아들 자	무리 등		날 일	밤 야	겁 겁	셀 수

상	득	유	희		여	제	보	살
常	得	遊	戲		與	諸	菩	薩
항상 상	얻을 득	놀 유	장난할 희		더불어 여	모든 제	보리 보	보살 살

급	성	문	중		승	차	보	승
及	聲	聞	衆		乘	此	寶	乘
및 급	소리 성	들을 문	무리 중		탈 승	이 차	보배 보	탈 승

모든 힘과 해탈과 선정과 지혜 그 밖의 여러 부처님 법 있지만
이와 같은 일불승을 얻어야만, 모든 중생 아이들로 하여금
오랜 세월 밤낮으로 항상 신나게 놀도록 하며
여러 보살·성문대중들과 같이 보배수레 타고

직	지	도	량		이	시	인	연
直	至	道	場		以	是	因	緣
곧을 직	이를 지	길 도	마당 장(량)		써 이	이 시	인할 인	인연 연

시	방	제	구		갱	무	여	승
十	方	諦	求		更	無	餘	乘
열 십(시)	방위 방	살필 체(제)	구할 구		다시 갱	없을 무	남을 여	탈 승

제	불	방	편		고	사	리	불
除	佛	方	便		告	舍	利	弗
제할 제	부처 불	처방 방	편할 편		알릴 고	집 사	이로울 리	아닐 불

여	제	인	등		개	시	오	자
汝	諸	人	等		皆	是	吾	子
너 여	모든 제	사람 인	무리 등		다 개	이 시	나 오	아들 자

아	즉	시	부		여	등	누	겁
我	則	是	父		汝	等	累	劫
나 아	곧 즉	이 시	아비 부		너 여	무리 등	여러 누	겁 겁

깨달음의 도량에 이르게 하느니라. 이러한 인연으로써 시방세계 아무리 찾아 구해 보더라도
이승 삼승은 안 되고 오직 일불승만 가능하되 부처님께서 방편으로 쓰신 것만큼은 예외니라.
사리불에게 이르노니, 너희들 모든 사람들은 모두 다 나의 아이들이며
나는 곧 너희들의 아버지니라. 너희들이 오랜 겁 동안

중	고	소	소		아	개	제	발
衆	苦	所	燒		我	皆	濟	拔
무리 중	괴로울 고	바 소	사를 소		나 아	다 개	건널 제	뺄 발

영	출	삼	계		아	수	선	설
令	出	三	界		我	雖	先	說
하여금 영	날 출	석 삼	지경 계		나 아	비록 수	먼저 선	말씀 설

여	등	멸	도		단	진	생	사
汝	等	滅	度		但	盡	生	死
너 여	무리 등	멸할 멸	건널 도		다만 단	다할 진	날 생	죽을 사

이	실	불	멸		금	소	응	작
而	實	不	滅		今	所	應	作
말이을 이	진실 실	아닐 불	멸할 멸		이제 금	바 소	응당히 응	지을 작

유	불	지	혜		약	유	보	살
唯	佛	智	慧		若	有	菩	薩
오직 유	부처 불	슬기 지	지혜 혜		만약 약	있을 유	보리 보	보살 살

온갖 고통의 불길에 타고 있거늘 내가 모두 건져내어 삼계에서
벗어나게 하리라. 너희들이 열반을 얻었다고 내가 말하긴 했지만
그것은 다만 생사를 다했을 뿐이요 모든 번뇌 다하여 진실로 열반한 것은 아니니,
지금 할 일은 부처님의 지혜를 구하는 것이니라. 만일 어떤 보살이

어	시	중	중		능	일	심	청
於	是	衆	中		能	一	心	聽
어조사 어	이 시	무리 중	가운데 중		능할 능	한 일	마음 심	들을 청

제	불	실	법		제	불	세	존
諸	佛	實	法		諸	佛	世	尊
모든 제	부처 불	진실 실	법 법		모든 제	부처 불	세상 세	높을 존

수	이	방	편		소	화	중	생
雖	以	方	便		所	化	衆	生
비록 수	써 이	처방 방	편할 편		바 소	화할 화	무리 중	날 생

개	시	보	살		약	인	소	지
皆	是	菩	薩		若	人	小	智
다 개	이 시	보리 보	보살 살		만약 약	사람 인	작을 소	슬기 지

심	착	애	욕		위	차	등	고
深	著	愛	欲		爲	此	等	故
깊을 심	잡을 착	사랑 애	욕심 욕		위할 위	이 차	무리 등	연고 고

이 대중 가운데 있다면 능히 일심으로 모든 부처님의 진실한 법을
들을지니, 여러 부처님 세존께서 비록 방편을 쓰시지만
교화 받는 중생들은 모두 다 보살이니라. 어떤 사람
지혜가 부족하여 애욕에 깊이 빠져 집착한다면 이들을 위하여

설	어	고	제		중	생	심	희
說	於	苦	諦		衆	生	心	喜
말씀 설	어조사 어	괴로울 고	진리 제		무리 중	날 생	마음 심	기쁠 희

득	미	증	유		불	설	고	제
得	未	曾	有		佛	說	苦	諦
얻을 득	아닐 미	일찍 증	있을 유		부처 불	말씀 설	괴로울 고	진리 제

진	실	무	이		약	유	중	생
眞	實	無	異		若	有	衆	生
참 진	진실 실	없을 무	다를 이		만약 약	있을 유	무리 중	날 생

부	지	고	본		심	착	고	인
不	知	苦	本		深	著	苦	因
아닐 부	알 지	괴로울 고	근본 본		깊을 심	잡을 착	괴로울 고	인할 인

불	능	잠	사		위	시	등	고
不	能	暫	捨		爲	是	等	故
아닐 불	능할 능	잠시 잠	버릴 사		위할 위	이 시	무리 등	연고 고

괴로움에 관한 진리를 말해주되, 그러면 중생이 마음으로 환희하며
일찍이 없던 희유함을 느끼나니 부처님이 가르치신 고제는
진실하여 틀림이 없느니라. 만일 어떤 중생이 고통의 근본을 알지 못하고
괴로움의 원인인 애욕에 깊이 집착하여 잠시도 능히 버리지 못하거든 이들을 위해

방	편	설	도		제	고	소	인
方	便	說	道		諸	苦	所	因
처방 방	편할 편	말씀 설	길 도		모든 제	괴로울 고	바 소	인할 인

탐	욕	위	본		약	멸	탐	욕
貪	欲	爲	本		若	滅	貪	欲
탐할 탐	욕심 욕	할 위	근본 본		만약 약	멸할 멸	탐할 탐	욕심 욕

무	소	의	지		멸	진	제	고
無	所	依	止		滅	盡	諸	苦
없을 무	바 소	의지할 의	그칠 지		멸할 멸	다할 진	모든 제	괴로울 고

명	제	삼	제		위	멸	제	고
名	第	三	諦		爲	滅	諦	故
이름 명	차례 제	석 삼	진리 제		위할 위	멸할 멸	진리 제	연고 고

수	행	어	도		이	제	고	박
修	行	於	道		離	諸	苦	縛
닦을 수	행할 행	어조사 어	길 도		떠날 이	모든 제	괴로울 고	묶을 박

> 방편으로 도제를 말해주느니라. 모든 괴로움의 원인은 탐욕이 근본이므로
> 탐욕을 없앤다면 괴로움도 의지할 데가 없거니 모든 고통을 다 소멸한 상태가
> 세 번째 진리, 곧 멸제이니라. 고통이 다 없어진 멸제를 위하여
> 도제를 닦고 실천하다 보면 모든 괴로움의 속박에서 벗어나

명	득	해	탈		시	인	어	하
名	得	解	脫		是	人	於	何
이름 명	얻을 득	풀 해	벗을 탈		이 시	사람 인	어조사 어	어찌 하

이	득	해	탈		단	리	허	망
而	得	解	脫		但	離	虛	妄
말이을 이	얻을 득	풀 해	벗을 탈		다만 단	떠날 리	빌 허	허망할 망

명	위	해	탈		기	실	미	득
名	爲	解	脫		其	實	未	得
이름 명	할 위	풀 해	벗을 탈		그 기	진실 실	아닐 미	얻을 득

일	체	해	탈		불	설	시	인
一	切	解	脫		佛	說	是	人
한 일	모두 체	풀 해	벗을 탈		부처 불	말씀 설	이 시	사람 인

미	실	멸	도		사	인	미	득
未	實	滅	度		斯	人	未	得
아닐 미	진실 실	멸할 멸	건널 도		이 사	사람 인	아닐 미	얻을 득

해탈을 얻게 되느니라. 이 수행자가 어디에서 해탈을 얻는가?
단지 허망함을 여읜 것만으로도 해탈이라고 말할 수 있으나
실제로 모든 해탈을 얻은 것은 아니니라. 그리하여 부처님은
그에게 참된 열반을 얻은 것이 아니라고 말하거늘

무	상	도	고		아	의	불	욕
無	上	道	故		我	意	不	欲
없을 무	위 상	길 도	연고 고		나 아	뜻 의	아닐 불	하고자할 욕

영	지	멸	도		아	위	법	왕
令	至	滅	度		我	爲	法	王
하여금 영	이를 지	멸할 멸	건널 도		나 아	할 위	법 법	임금 왕

어	법	자	재		안	은	중	생
於	法	自	在		安	隱	衆	生
어조사 어	법 법	스스로 자	있을 재		편안할 안	편안할 은	무리 중	날 생

고	현	어	세		여	사	리	불
故	現	於	世		汝	舍	利	弗
연고 고	나타날 현	어조사 어	세상 세		너 여	집 사	이로울 리	아닐 불

아	차	법	인		위	욕	이	익
我	此	法	印		爲	欲	利	益
나 아	이 차	법 법	도장 인		위할 위	하고자할 욕	이로울 이	더할 익

아직 위없이 높은 진리를 얻지 못했기 때문이니
내 본뜻은 그런 열반 얻게 하려던 것이 아니었느니라.
나는 법왕으로 법에 자유자재하여 중생을 편안하고 안락하게 하려고
일부러 세상에 출현하였도다. 자, 사리불아! 나의 이 법인은

세	간	고	설		재	소	유	방	
世	間	故	說		在	所	遊	方	
세상 세	사이 간	연고 고	말씀 설		있을 재	바 소	놀 유	방위 방	

물	망	선	전		약	유	문	자	
勿	妄	宣	傳		若	有	聞	者	
말 물	허망할 망	베풀 선	전할 전		만약 약	있을 유	들을 문	놈 자	

수	희	정	수		당	지	시	인	
隨	喜	頂	受		當	知	是	人	
따를 수	기쁠 희	정수리 정	받을 수		마땅히 당	알 지	이 시	사람 인	

아	비	발	치		약	유	신	수	
阿	鞞	跋	致		若	有	信	受	
언덕 아	북 비	밟을 발	이를 치		만약 약	있을 유	믿을 신	받을 수	

차	경	법	자		시	인	이	증	
此	經	法	者		是	人	已	曾	
이 차	경 경	법 법	놈 자		이 시	사람 인	이미 이	일찍 증	

세간을 이익케 하려고 설하는 것이니, 이곳저곳 아무 데서나 함부로 선전하지 말라.
만일 어떤 사람이 듣고 나서 따라 기뻐하며 받어 지닌다면
마땅히 명심할지니 그 사람은 아비발치, 곧 불퇴전보살이니라.
만일 어떤 누군가 이 법화경의 가르침을 믿고 받아들인다면 그 사람은 이미 일찍이

견	과	거	불		공	경	공	양
見	過	去	佛		恭	敬	供	養
볼 견	지날 과	갈 거	부처 불		공손할 공	공경할 경	이바지할 공	기를 양

역	문	시	법		약	인	유	능
亦	聞	是	法		若	人	有	能
또 역	들을 문	이 시	법 법		만약 약	사람 인	있을 유	능할 능

신	여	소	설		즉	위	견	아
信	汝	所	說		則	爲	見	我
믿을 신	너 여	바 소	말씀 설		곧 즉	할 위	볼 견	나 아

역	견	어	여		급	비	구	승
亦	見	於	汝		及	比	丘	僧
또 역	볼 견	어조사 어	너 여		및 급	견줄 비	언덕 구	중 승

병	제	보	살		사	법	화	경
幷	諸	菩	薩		斯	法	華	經
아우를 병	모든 제	보리 보	보살 살		이 사	법 법	꽃 화	경 경

과거에 부처님을 뵙고서 공경히 공양했으며 이 법문을 들었던 자이니라.
만일 어떤 사람이 너희가 말하는 내용을 믿는다면
그는 곧 나를 친견한 것이 되고 너와 비구승,
아울러 보살들까지 친견한 셈이니라. 이 법화경은

위	심	지	설		천	식	문	지
爲	深	智	說		淺	識	聞	之
위할 위	깊을 심	슬기 지	말씀 설		얕을 천	알 식	들을 문	어조사 지

미	혹	불	해		일	체	성	문
迷	惑	不	解		一	切	聲	聞
미혹할 미	미혹할 혹	아닐 불	풀 해		한 일	모두 체	소리 성	들을 문

급	벽	지	불		어	차	경	중
及	辟	支	佛		於	此	經	中
및 급	임금 벽	지탱할 지	부처 불		어조사 어	이 차	경 경	가운데 중

역	소	불	급		여	사	리	불
力	所	不	及		汝	舍	利	弗
힘 역	바 소	아닐 불	미칠 급		너 여	집 사	이로울 리	아닐 불

상	어	차	경		이	신	득	입
尙	於	此	經		以	信	得	入
오히려 상	어조사 어	이 차	경 경		써 이	믿을 신	얻을 득	들 입

지혜가 깊은 자를 위하여 설한 것으로 식견이 얕은 자가 들으면
미혹해서 알지 못하나니 일체 성문과 벽지불도 이 경을 이해하기엔
역부족이니라. 사리불아, 지혜가 제일이라는 너조차도
이 경에는 믿음으로써만 들어갈 수 있거늘

황	여	성	문		기	여	성	문
況	餘	聲	聞		其	餘	聲	聞
하물며 황	남을 여	소리 성	들을 문		그 기	남을 여	소리 성	들을 문

신	불	어	고		수	순	차	경
信	佛	語	故		隨	順	此	經
믿을 신	부처 불	말씀 어	연고 고		따를 수	순할 순	이 차	경 경

비	기	지	분		우	사	리	불
非	己	智	分		又	舍	利	弗
아닐 비	자기 기	슬기 지	나눌 분		또 우	집 사	이로울 리	아닐 불

교	만	해	태		계	아	견	자
憍	慢	懈	怠		計	我	見	者
교만할 교	거만할 만	게으를 해	게으를 태		계교할 계	나 아	볼 견	놈 자

막	설	차	경		범	부	천	식
莫	說	此	經		凡	夫	淺	識
말 막	말씀 설	이 차	경 경		무릇 범	사나이 부	얕을 천	알 식

하물며 다른 성문들이야 더 말할 것이 있겠느냐!
다른 나머지 성문들도 부처님 말씀을 믿기 때문에 이 경에 수순하는 것이요
자신의 지혜분상에서 따르는 것은 아니니라. 또 사리불아, 교만하고 게으르며
나라는 소견 내세우는 사람에게는 이 경을 설하지 말지어다. 범부는 식견이 얕아서

심	착	오	욕		문	불	능	해
深	著	五	欲		聞	不	能	解
깊을 심	잡을 착	다섯 오	욕심 욕		들을 문	아닐 불	능할 능	풀 해

역	물	위	설		약	인	불	신
亦	勿	爲	說		若	人	不	信
또 역	말 물	위할 위	말씀 설		만약 약	사람 인	아닐 불	믿을 신

훼	방	차	경		즉	단	일	체
毀	謗	此	經		則	斷	一	切
헐 훼	헐뜯을 방	이 차	경 경		곧 즉	끊을 단	한 일	모두 체

세	간	불	종		혹	부	빈	축
世	間	佛	種		或	復	顰	蹙
세상 세	사이 간	부처 불	종자 종		혹 혹	다시 부	찡그릴 빈	찡그릴 축

이	회	의	혹		여	당	청	설
而	懷	疑	惑		汝	當	聽	說
말이을 이	품을 회	의심할 의	미혹할 혹		너 여	마땅히 당	들을 청	말씀 설

오욕에 깊이 탐착하므로 들어도 이해할 수 없나니 역시 그에게도 설하지 말라.
만일 어떤 이가 믿지 않고 이 경을 헐뜯고 비방한다면
곧 일체 세간의 불종자를 끊는 것이 되거늘, 얼굴을 찡그려 빈축거리면서
경전 말씀에 의심을 품으면 어찌 되는지 너는 마땅히

차	인	죄	보		약	불	재	세
此	人	罪	報		若	佛	在	世
이 차	사람 인	허물 죄	갚을 보		만약 약	부처 불	있을 재	세상 세

약	멸	도	후		기	유	비	방
若	滅	度	後		其	有	誹	謗
만약 약	멸할 멸	건널 도	뒤 후		그 기	있을 유	헐뜯을 비	헐뜯을 방

여	사	경	전		견	유	독	송
如	斯	經	典		見	有	讀	誦
같을 여	이 사	경 경	법 전		볼 견	있을 유	읽을 독	외울 송

서	지	경	자		경	천	증	질
書	持	經	者		輕	賤	憎	嫉
쓸 서	가질 지	경 경	놈 자		가벼울 경	천할 천	미워할 증	투기할 질

이	회	결	한		차	인	죄	보
而	懷	結	恨		此	人	罪	報
말이을 이	품을 회	맺을 결	한할 한		이 차	사람 인	허물 죄	갚을 보

그 사람의 죄보에 대해 들어보아라.
부처님이 세상에 계시거나 열반하신 뒤에
이와 같은 경전을 비방하거나 수지독송하는 이를
깔보고 미워하며 앙심 품는다면 그 사람의 죄보를

여	금	부	청		기	인	명	종
汝	今	復	聽		其	人	命	終
너 여	이제 금	다시 부	들을 청		그 기	사람 인	목숨 명	마칠 종
입	아	비	옥		구	족	일	겁
入	阿	鼻	獄		具	足	一	劫
들 입	언덕 아	코 비	옥 옥		갖출 구	족할 족	한 일	겁 겁
겁	진	갱	생		여	시	전	전
劫	盡	更	生		如	是	展	轉
겁 겁	다할 진	다시 갱	날 생		같을 여	이 시	펼 전	구를 전
지	무	수	겁		종	지	옥	출
至	無	數	劫		從	地	獄	出
이를 지	없을 무	셀 수	겁 겁		좇을 종	땅 지	옥 옥	날 출
당	타	축	생		약	구	야	간
當	墮	畜	生		若	狗	野	干
마땅히 당	떨어질 타	기를 축	날 생		만약 약	개 구	들 야	방패 간

> 네가 이제 다시 들어보아라. 그 사람은 목숨이 다하면
> 아비지옥에 들어가서 일 겁을 채우고 겁이 다하면 다시 태어나며
> 이와 같이 전전하여 무수한 세월을 보낼 것이며,
> 지옥에서 나오면 축생으로 떨어지되 개나 승냥이가 되어

기	형	굴	수		이	담	개	라
其	形	頇	瘦		黧	黮	疥	癩
그 기	모양 형	대머리 갈(굴)	파리할 수		검을 이	검을 담	옴 개	문둥병 라

인	소	촉	요		우	부	위	인
人	所	觸	嬈		又	復	爲	人
사람 인	바 소	닿을 촉	희롱할 요		또 우	다시 부	할 위	사람 인

지	소	오	천		상	곤	기	갈
之	所	惡	賤		常	困	飢	渴
어조사 지	바 소	미워할 오	천할 천		항상 상	곤할 곤	주릴 기	목마를 갈

골	육	고	갈		생	수	초	독
骨	肉	枯	竭		生	受	楚	毒
뼈 골	고기 육	마를 고	다할 갈		날 생	받을 수	괴로울 초	독 독

사	피	와	석		단	불	종	고
死	被	瓦	石		斷	佛	種	故
죽을 사	입을 피	기와 와	돌 석		끊을 단	부처 불	종자 종	연고 고

모양이 수척한 데다 새까맣고 비루먹어 가는 데마다
발에 채이며 또 사람에게 미움 받고 천대 받으리라.
항상 굶주려서 뼈와 가죽이 맞닿아 붙고 살아서는 매만 실컷 맞다가
죽어서는 돌무덤에 묻히리니 불종자를 끊었기 때문에

수	사	죄	보		약	작	낙	타
受	斯	罪	報		若	作	駱	駝
받을수	이사	허물죄	갚을보		만약약	지을작	낙타낙	낙타타
혹	생	노	중		신	상	부	중
或	生	驢	中		身	常	負	重
혹혹	날생	나귀 려(노)	가운데중		몸신	항상상	질부	무거울중
가	제	장	추		단	념	수	초
加	諸	杖	捶		但	念	水	草
더할가	모든제	지팡이장	종아리칠추		다만단	생각할념	물수	풀초
여	무	소	지		방	사	경	고
餘	無	所	知		謗	斯	經	故
남을여	없을무	바소	알지		헐뜯을방	이사	경경	연고고
획	죄	여	시		유	작	야	간
獲	罪	如	是		有	作	野	干
얻을획	허물죄	같을여	이시		있을유	지을작	들야	방패간

이런 죄보를 받느니라. 혹은 낙타도 되고 당나귀도 되어
무거운 짐 몸에 싣고 채찍을 맞으면서도
오직 여물 생각만 날 뿐 다른 것은 모르나니
이 경을 비방했기 때문에 이런 죄보를 받느니라. 만일 승냥이가 되어

내	입	취	락		신	체	개	라
來	入	聚	落		身	體	疥	癩
올내	들입	마을 취	촌락 락		몸 신	몸 체	옴 개	문둥병 라

우	무	일	목		위	제	동	자
又	無	一	目		爲	諸	童	子
또 우	없을 무	한 일	눈 목		할 위	모든 제	아이 동	아들 자

지	소	타	척		수	제	고	통
之	所	打	擲		受	諸	苦	痛
어조사 지	바 소	칠 타	던질 척		받을 수	모든 제	괴로울 고	아플 통

혹	시	치	사		어	차	사	이
或	時	致	死		於	此	死	已
혹 혹	때 시	이를 치	죽을 사		어조사 어	이 차	죽을 사	마칠 이

갱	수	망	신		기	형	장	대
更	受	蟒	身		其	形	長	大
다시 갱	받을 수	이무기 망	몸 신		그 기	모양 형	길 장	큰 대

동리에 들어가면 온몸은 헐고 부스럼병에다
한 쪽 눈마저 멀어서 개구쟁이 아이들의 발에 채이고
돌에 맞으며 갖은 고통 받다가 비참하게 죽느니라.
여기서 죽은 후엔 다시 구렁이몸을 받는데 그 몸뚱이 길고 커서

오	백	유	순		농	애	무	족
五	百	由	旬		聾	騃	無	足
다섯 오	일백 백	유순 유	유순 순		귀머거리 농	어리석을 애	없을 무	발 족

완	전	복	행		위	제	소	충
宛	轉	腹	行		爲	諸	小	蟲
굽을 완	구를 전	배 복	갈 행		할 위	모든 제	작을 소	벌레 충

지	소	잡	식		주	야	수	고
之	所	咂	食		晝	夜	受	苦
어조사 지	바 소	빨 잡	먹을 식		낮 주	밤 야	받을 수	괴로울 고

무	유	휴	식		방	사	경	고
無	有	休	息		謗	斯	經	故
없을 무	있을 유	쉴 휴	쉴 식		헐뜯을 방	이 사	경 경	연고 고

획	죄	여	시		약	득	위	인
獲	罪	如	是		若	得	爲	人
얻을 획	허물 죄	같을 여	이 시		만약 약	얻을 득	할 위	사람 인

> 오백 유순이나 되며 귀먹고 어리석은 데다 발이 없어서
> 꿈틀꿈틀 배로만 기어다니다가, 작은 벌레들에게 할퀴고 빨아 먹혀
> 밤낮으로 받는 고통 쉴 새가 없으리니 이 경을 비방했기 때문에
> 이런 죄보를 받느니라. 만일 사람으로 태어나더라도

제	근	암	둔		좌	누	연	벽
諸	根	闇	鈍		矬	陋	攣	躄
모든 제	뿌리 근	어두울 암	무딜 둔		난장이 좌	못생길 누	오그라질 연	앉은뱅이 벽

맹	농	배	구		유	소	언	설
盲	聾	背	傴		有	所	言	說
눈멀 맹	귀머거리 농	등 배	구부릴 구		있을 유	바 소	말씀 언	말씀 설

인	불	신	수		구	기	상	취
人	不	信	受		口	氣	常	臭
사람 인	아닐 불	믿을 신	받을 수		입 구	기운 기	항상 상	냄새 취

귀	매	소	착		빈	궁	하	천
鬼	魅	所	著		貧	窮	下	賤
귀신 귀	도깨비 매	바 소	잡을 착		가난할 빈	궁할 궁	아래 하	천할 천

위	인	소	사		다	병	소	수
爲	人	所	使		多	病	痟	瘦
할 위	사람 인	바 소	부릴 사		많을 다	병들 병	조갈증 소	파리할 수

모든 감각기관이 둔하고 어두워서 난쟁이·곰배팔이·절름발이
장님·귀머거리·꼽추가 되며, 무슨 말을 하더라도 사람들이 믿지 않는 데다가
입에서는 항상 나쁜 냄새가 나고 귀신들이 따라 붙어 다닐 뿐만 아니라,
빈궁하고 하천해서 남의 종이나 심부름꾼이 되거늘 병이 많고 수척하더라도

무	소	의	호		수	친	부	인	
無	所	依	怙		雖	親	附	人	
없을 무	바 소	의지할 의	믿을 호		비록 수	친할 친	붙일 부	사람 인	

인	부	재	의		약	유	소	득	
人	不	在	意		若	有	所	得	
사람 인	아닐 부	있을 재	뜻 의		만약 약	있을 유	바 소	얻을 득	

심	부	망	실		약	수	의	도	
尋	復	忘	失		若	修	醫	道	
곧 심	다시 부	잊을 망	잃을 실		만약 약	닦을 수	의원 의	길 도	

순	방	치	병		갱	증	타	질	
順	方	治	病		更	增	他	疾	
순할 순	처방 방	다스릴 치	병들 병		다시 갱	더할 증	다를 타	병 질	

혹	부	치	사		약	자	유	병	
或	復	致	死		若	自	有	病	
혹 혹	다시 부	이를 치	죽을 사		만약 약	스스로 자	있을 유	병들 병	

어디 의지할 데가 아무 데도 없고, 비록 남에게 가까이 가려 할지라도
사람들이 몰라라 하며 혹 무엇을 얻게 되더라도 곧 잃어버리고,
만일 의술을 배워서 처방대로 치료하더라도 다른 병이 더하거나
실수로 죽게까지 되며, 자신이 병들었을 적엔

무	인	구	료		설	복	양	약
無	人	救	療		設	服	良	藥
없을 무	사람 인	건질 구	병고칠 료		설령 설	먹을 복	좋을 양	약 약

이	부	증	극		약	타	반	역
而	復	增	劇		若	他	反	逆
말 이을 이	다시 부	더할 증	심할 극		만약 약	다를 타	돌이킬 반	거스를 역

초	겁	절	도		여	시	등	죄
抄	劫	竊	盜		如	是	等	罪
노략질할 초	빼앗을 겁	훔칠 절	훔칠 도		같을 여	이 시	무리 등	허물 죄

횡	리	기	앙		여	사	죄	인
橫	罹	其	殃		如	斯	罪	人
비낄 횡	만날 리	그 기	재앙 앙		같을 여	이 사	허물 죄	사람 인

영	불	견	불		중	성	지	왕
永	不	見	佛		衆	聖	之	王
길 영	아닐 불	볼 견	부처 불		무리 중	성인 성	어조사 지	임금 왕

치료해 줄 사람조차 없으며 설사 좋은 약을 쓰더라도
병만 더욱 악화될 뿐더러, 혹 다른 이의 역모나 강도
절도죄 그런 죄목 따위에 뜻하지 않게 걸려들어 형벌을 받게 되느니라.
이와 같은 죄인은 오랫동안 부처님을 뵙지 못하며 뭇 성인 중의 왕이신 부처님께서

설	법	교	화		여	사	죄	인
說	法	教	化		如	斯	罪	人
말씀 설	법 법	가르칠 교	화할 화		같을 여	이 사	허물 죄	사람 인

상	생	난	처		광	농	심	란
常	生	難	處		狂	聾	心	亂
항상 상	날 생	어려울 난	곳 처		미칠 광	귀머거리 농	마음 심	어지러울 란

영	불	문	법		어	무	수	겁
永	不	聞	法		於	無	數	劫
길 영	아닐 불	들을 문	법 법		어조사 어	없을 무	셀 수	겁 겁

여	항	하	사		생	첩	농	아
如	恒	河	沙		生	輒	聾	瘂
같을 여	항상 항	물 하	모래 사		날 생	문득 첩	귀머거리 농	벙어리 아

제	근	불	구		상	처	지	옥
諸	根	不	具		常	處	地	獄
모든 제	뿌리 근	아닐 불	갖출 구		항상 상	곳 처	땅 지	옥 옥

법을 설하여 교화하실지라도, 이와 같은 죄인은 항상 팔난처에 태어나서
귀먹고 미치거나 마음이 어지러워 오랫동안 법을 듣지 못하리라.
항하의 모래알처럼 한량없는 무수한 세월 동안 날 적마다 귀먹고 벙어리 되어
육근이 제대로 갖춰지지 못함은 물론, 걸핏하면 지옥에 떨어지기를

여	유	원	관		재	여	악	도
如	遊	園	觀		在	餘	惡	道
같을 여	놀 유	동산 원	볼 관		있을 재	남을 여	악할 악	길 도

여	기	사	택		타	로	저	구
如	己	舍	宅		駝	驢	猪	狗
같을 여	자기 기	집 사	집 택		낙타 타	나귀 려(로)	돼지 저	개 구

시	기	행	처		방	사	경	고
是	其	行	處		謗	斯	經	故
이 시	그 기	갈 행	곳 처		헐뜯을 방	이 사	경 경	연고 고

획	죄	여	시		약	득	위	인
獲	罪	如	是		若	得	爲	人
얻을 획	허물 죄	같을 여	이 시		만약 약	얻을 득	할 위	사람 인

농	맹	음	아		빈	궁	제	쇠
聾	盲	瘖	瘂		貧	窮	諸	衰
귀머거리 농	눈멀 맹	벙어리 음	벙어리 아		가난할 빈	궁할 궁	모든 제	쇠할 쇠

동산에서 산책하는 것처럼 일삼아 하고 나머지 다른 악도에 있기를
자기 집 안방처럼 드나들며, 낙타·나귀·돼지·개들이 그가 몸 받아
태어나는 곳이니 이 법화경을 비방했기 때문에 이런 죄보 받느니라.
만약 사람으로 태어나더라도 귀먹거나 눈멀고 벙어리에 가난뱅이 등

이	자	장	엄		수	종	건	소
以	自	莊	嚴		水	腫	乾	痟
써 이	스스로 자	꾸밀 장	엄할 엄		물 수	부스럼 종	마를 건	조갈증 소

개	나	옹	저		여	시	등	병
疥	癩	癰	疽		如	是	等	病
옴 개	문둥병 나	악창 옹	등창 저		같을 여	이 시	무리 등	병들 병

이	위	의	복		신	상	취	처
以	爲	衣	服		身	常	臭	處
써 이	할 위	옷 의	옷 복		몸 신	항상 상	냄새 취	곳 처

구	예	부	정		심	착	아	견
垢	穢	不	淨		深	著	我	見
때 구	더러울 예	아닐 부	깨끗할 정		깊을 심	잡을 착	나 아	볼 견

증	익	진	에		음	욕	치	성
增	益	瞋	恚		婬	欲	熾	盛
더할 증	더할 익	성낼 진	성낼 에		음탕할 음	욕심 욕	성할 치	성할 성

> 온갖 좋지 않은 것들로 치장하며, 수종다리 혹은 조갈 증세
> 옴·문둥병·등창·종기와 같이 이런 갖가지 병으로 의복을 삼아서
> 몸에선 항상 냄새나고 깨끗하지 못한 데다가,
> 깊이 아견에 집착하여 걸핏하면 성내고 음욕이 치성해서

불	택	금	수		방	사	경	고
不	擇	禽	獸		謗	斯	經	故
아닐 불	가릴 택	날짐승 금	짐승 수		헐뜯을 방	이 사	경 경	연고 고

획	죄	여	시		고	사	리	불
獲	罪	如	是		告	舍	利	弗
얻을 획	허물 죄	같을 여	이 시		알릴 고	집 사	이로울 리	아닐 불

방	사	경	자		약	설	기	죄
謗	斯	經	者		若	說	其	罪
헐뜯을 방	이 사	경 경	놈 자		만약 약	말씀 설	그 기	허물 죄

궁	겁	부	진		이	시	인	연
窮	劫	不	盡		以	是	因	緣
다할 궁	겁 겁	아닐 부	다할 진		써 이	이 시	인할 인	인연 연

아	고	어	여		무	지	인	중
我	故	語	汝		無	智	人	中
나 아	연고 고	말씀 어	너 여		없을 무	슬기 지	사람 인	가운데 중

> 금수도 가리지 않나니 이 법화경을 비방했기 때문에 이런 죄보 받느니라.
> 사리불에게 이르되 법화경 비방한 사람의 그 죄보를 말하자면
> 겁이 다하여도 끝나지 않거늘, 이러한 인연으로써
> 내가 굳이 너에게 말하건대, 지혜 없는 사람에게

막	설	차	경		약	유	이	근
莫	說	此	經		若	有	利	根
말 막	말씀 설	이 차	경 경		만약 약	있을 유	날카로울 이	뿌리 근

지	혜	명	료		다	문	강	식
智	慧	明	了		多	聞	强	識
슬기 지	지혜 혜	밝을 명	밝을 료		많을 다	들을 문	굳셀 강	알 식

구	불	도	자		여	시	지	인
求	佛	道	者		如	是	之	人
구할 구	부처 불	길 도	놈 자		같을 여	이 시	어조사 지	사람 인

내	가	위	설		약	인	증	견
乃	可	爲	說		若	人	曾	見
이에 내	가히 가	위할 위	말씀 설		만약 약	사람 인	일찍 증	볼 견

억	백	천	불		식	제	선	본
億	百	千	佛		植	諸	善	本
억 억	일백 백	일천 천	부처 불		심을 식	모든 제	착할 선	근본 본

이 경을 설하지 말지어다. 그런데 만약 총명하고 지혜 밝으며
많이 듣고 잘 기억하는 데다가 불도를 구하는 자가 있거든
그러한 사람에게 이 경을 설해주며, 어떤 사람 일찍이
백천억 부처님들 뵙고 많은 선근을 심어서

심	심	견	고		여	시	지	인
深	心	堅	固		如	是	之	人
깊을 심	마음 심	굳을 견	굳을 고		같을 여	이 시	어조사 지	사람 인

내	가	위	설		약	인	정	진
乃	可	爲	說		若	人	精	進
이에 내	가히 가	위할 위	말씀 설		만약 약	사람 인	정미할 정	나아갈 진

상	수	자	심		불	석	신	명
常	修	慈	心		不	惜	身	命
항상 상	닦을 수	사랑 자	마음 심		아닐 불	아낄 석	몸 신	목숨 명

내	가	위	설		약	인	공	경
乃	可	爲	說		若	人	恭	敬
이에 내	가히 가	위할 위	말씀 설		만약 약	사람 인	공손할 공	공경할 경

무	유	이	심		이	제	범	우
無	有	異	心		離	諸	凡	愚
없을 무	있을 유	다를 이	마음 심		떠날 이	모든 제	무릇 범	어리석을 우

마음이 깊고 견고하거든 그러한 사람에게 이 경을 설해주고,
어떤 사람 정진하여 늘 자비심을 닦되
목숨마저 아끼지 않거든 이에 가히 이 경을 설해주며,
어떤 사람 공손하고 공경스럽되 다른 마음 없이 어리석은 범부를 떠나

독	처	산	택		여	시	지	인
獨	處	山	澤		如	是	之	人
홀로 독	곳 처	뫼 산	못 택		같을 여	이 시	어조사 지	사람 인

내	가	위	설		우	사	리	불
乃	可	爲	說		又	舍	利	弗
이에 내	가히 가	위할 위	말씀 설		또 우	집 사	이로울 리	아닐 불

약	견	유	인		사	악	지	식
若	見	有	人		捨	惡	知	識
만약 약	볼 견	있을 유	사람 인		버릴 사	악할 악	알 지	알 식

친	근	선	우		여	시	지	인
親	近	善	友		如	是	之	人
친할 친	가까울 근	착할 선	벗 우		같을 여	이 시	어조사 지	사람 인

내	가	위	설		약	견	불	자
乃	可	爲	說		若	見	佛	子
이에 내	가히 가	위할 위	말씀 설		만약 약	볼 견	부처 불	아들 자

> 홀로 숲 속에 머물거든 그러한 사람에게 이 경을 설해주어라.
> 또 사리불아, 어떤 사람 악지식을 떠나
> 착한 벗에 친근하는 것을 보거든
> 그러한 사람에게 이 경을 설해주며, 어떤 불자

지	계	청	결		여	정	명	주
持	戒	淸	潔		如	淨	明	珠
가질 지	지킬 계	맑을 청	깨끗할 결		같을 여	깨끗할 정	밝을 명	구슬 주

구	대	승	경		여	시	지	인
求	大	乘	經		如	是	之	人
구할 구	큰 대	탈 승	경 경		같을 여	이 시	어조사 지	사람 인

내	가	위	설		약	인	무	진
乃	可	爲	說		若	人	無	瞋
이에 내	가히 가	위할 위	말씀 설		만약 약	사람 인	없을 무	성낼 진

질	직	유	연		상	민	일	체
質	直	柔	軟		常	愍	一	切
바탕 질	곧을 직	부드러울 유	연할 연		항상 상	가엾을 민	한 일	모두 체

공	경	제	불		여	시	지	인
恭	敬	諸	佛		如	是	之	人
공손할 공	공경할 경	모든 제	부처 불		같을 여	이 시	어조사 지	사람 인

> 계행 지키기를 맑고 밝은 구슬처럼 깨끗이 지키면서 대승경전 구하는 것을 보거든
> 그러한 사람에게 이 경을 설해주고, 만일 성내지 않고 정직하고 부드러우며
> 항상 일체 중생들을 불쌍히 여기는 것은 물론이고
> 모든 부처님들을 공경하거든 그러한 사람에게

내	가	위	설		부	유	불	자
乃	可	爲	說		復	有	佛	子
이에 내	가히 가	위할 위	말씀 설		다시 부	있을 유	부처 불	아들 자

어	대	중	중		이	청	정	심
於	大	衆	中		以	淸	淨	心
어조사 어	큰 대	무리 중	가운데 중		써 이	맑을 청	깨끗할 정	마음 심

종	종	인	연		비	유	언	사
種	種	因	緣		譬	喩	言	辭
종류 종	종류 종	인할 인	인연 연		비유할 비	비유할 유	말씀 언	말 사

설	법	무	애		여	시	지	인
說	法	無	礙		如	是	之	人
말씀 설	법 법	없을 무	거리낄 애		같을 여	이 시	어조사 지	사람 인

내	가	위	설		약	유	비	구
乃	可	爲	說		若	有	比	丘
이에 내	가히 가	위할 위	말씀 설		만약 약	있을 유	견줄 비	언덕 구

이 경을 설해주며, 또 어떤 불자 대중 속에서
깨끗한 마음으로 여러 가지 인연과 비유와 온갖 말로써
걸림 없이 설법을 잘 하거든 그러한 사람에게
이 경을 설해주고, 만일 어떤 비구

위	일	체	지		사	방	구	법
爲	一	切	智		四	方	求	法
위할 위	한 일	모두 체	슬기 지		넉 사	방위 방	구할 구	법 법

합	장	정	수		단	락	수	지
合	掌	頂	受		但	樂	受	持
합할 합	손바닥 장	정수리 정	받을 수		다만 단	즐길 락	받을 수	가질 지

대	승	경	전		내	지	불	수
大	乘	經	典		乃	至	不	受
큰 대	탈 승	경 경	법 전		이에 내	이를 지	아닐 불	받을 수

여	경	일	게		여	시	지	인
餘	經	一	偈		如	是	之	人
남을 여	경 경	한 일	게송 게		같을 여	이 시	어조사 지	사람 인

내	가	위	설		여	인	지	심
乃	可	爲	說		如	人	至	心
이에 내	가히 가	위할 위	말씀 설		만일 여	사람 인	지극할 지	마음 심

> 일체지를 위하여 사방으로 법을 구해 합장하고
> 정대하여 받아 지니되 대승경전만 수지하고
> 다른 경은 한 게송도 받지 않거든 그러한 사람에게
> 이 경을 설해주며, 어떤 사람 지극한 마음으로

구	불	사	리		여	시	구	경
求	佛	舍	利		如	是	求	經
구할 구	부처 불	집 사	이로울 리		같을 여	이 시	구할 구	경 경

득	이	정	수		기	인	불	부
得	已	頂	受		其	人	不	復
얻을 득	마칠 이	정수리 정	받을 수		그 기	사람 인	아닐 불	다시 부

지	구	여	경		역	미	증	념
志	求	餘	經		亦	未	曾	念
뜻 지	구할 구	남을 여	경 경		또 역	아닐 미	일찍 증	생각할 념

외	도	전	적		여	시	지	인
外	道	典	籍		如	是	之	人
바깥 외	길 도	법 전	서적 적		같을 여	이 시	어조사 지	사람 인

내	가	위	설		고	사	리	불
乃	可	爲	說		告	舍	利	弗
이에 내	가히 가	위할 위	말씀 설		알릴 고	집 사	이로울 리	아닐 불

> 부처님 사리 구하듯 대승경전 구하되 얻은 뒤에는
> 정대하여 받아 지니고 그 밖의 다른 경전은 구하지 않으며
> 더욱이 외도 서적 따위는 애초에 생각조차 없거든
> 그러한 사람에게 이 경을 설해주어라. 사리불에게 이르노니,

아	설	시	상		구	불	도	자
我	說	是	相		求	佛	道	者
나 아	말씀 설	이 시	모양 상		구할 구	부처 불	길 도	놈 자

궁	겁	부	진		여	시	등	인
窮	劫	不	盡		如	是	等	人
다할 궁	겁 겁	아닐 부	다할 진		같을 여	이 시	무리 등	사람 인

즉	능	신	해		여	당	위	설
則	能	信	解		汝	當	爲	說
곧 즉	능할 능	믿을 신	풀 해		너 여	마땅히 당	위할 위	말씀 설

묘	법	화	경
妙	法	華	經
묘할 묘	법 법	꽃 화	경 경

내가 이런 식으로 불도 구하는 사람에 대해
말하기로 한다면 겁이 다하여도 끝나지 않으리라.
이와 같은 사람들이 가르침을 잘 믿고 이해할 수 있으니
너는 마땅히 그들을 위하여 묘법연화경을 설해주어라.

제	사		신	해	품				
第	四		信	解	品				
차례 제	넉 사		믿을 신	풀 해	가지 품				

이	시		혜	명	수	보	리		마
爾	時		慧	命	須	菩	提		摩
그 이	때 시		지혜 혜	목숨 명	모름지기 수	보리 보	끝 제(리)		갈 마

하	가	전	연		마	하	가	섭	
訶	迦	旃	延		摩	訶	迦	葉	
꾸짖을 가(하)	막을 가	기 전	끌 연		갈 마	꾸짖을 가(하)	막을 가	잎 엽(섭)	

마	하	목	건	련		종	불	소	문
摩	訶	目	犍	連		從	佛	所	聞
갈 마	꾸짖을 가(하)	눈 목	불깐소 건	잇닿을 련		좇을 종	부처 불	바 소	들을 문

미	증	유	법		세	존		수	사
未	曾	有	法		世	尊		授	舍
아닐 미	일찍 증	있을 유	법 법		세상 세	높을 존		줄 수	집 사

제4 신해품
그때 혜명 수보리와 마하가전연과 마하가섭과
마하목건련이 부처님으로부터
일찍이 듣지 못했던 법문을 듣고, 또 세존께서

리	블		아	뇩	다	라	삼	먁	삼
利	弗		阿	耨	多	羅	三	藐	三
이로울리	아닐불		언덕아	김맬누(뇩)	많을다	새그물라	석삼	아득할막(먁)	석삼

보	리	기		발	희	유	심		환
菩	提	記		發	希	有	心		歡
보리보	끌제(리)	기록할기		필발	드물희	있을유	마음심		기쁠환

희	용	약		즉	종	좌	기		정
喜	踊	躍		卽	從	座	起		整
기쁠희	뛸용	뛸약		곧즉	좇을종	자리좌	일어날기		가지런할정

의	복		편	단	우	견		우	슬
衣	服		偏	袒	右	肩		右	膝
옷의	옷복		치우칠편	옷벗어맬단	오른쪽우	어깨견		오른쪽우	무릎슬

착	지		일	심	합	장		곡	궁
著	地		一	心	合	掌		曲	躬
붙일착	땅지		한일	마음심	합할합	손바닥장		굽을곡	몸궁

사리불에게 아뇩다라삼먁삼보리의 수기 주시는 것을 보더니
매우 희유하다고 생각하며 뛸 듯이 좋아하였다.
곧 자리에서 일어나 옷을 정돈하여 오른쪽 어깨를 드러내고
오른쪽 무릎을 땅에 꿇은 채, 일심으로 합장하고 허리를 굽혀

공	경		첨	앙	존	안		이	백
恭	敬		瞻	仰	尊	顔		而	白
공손할공	공경할경		볼첨	우러를앙	높을존	얼굴안		말이을이	사뢸백

불	언		아	등		거	승	지	수
佛	言		我	等		居	僧	之	首
부처불	말씀언		나아	무리등		있을거	중승	어조사지	머리수

연	병	후	매		자	위	이	득	열
年	竝	朽	邁		自	謂	已	得	涅
해연	아우를병	쇠할후	늙을매		스스로자	이를위	이미이	얻을득	개흙열

반		무	소	감	임		불	부	진
槃		無	所	堪	任		不	復	進
쟁반반		없을무	바소	견딜감	맡길임		아닐불	다시부	나아갈진

구	아	녹	다	라	삼	먁	삼	보
求	阿	耨	多	羅	三	藐	三	菩
구할구	언덕아	김맬누(녹)	많을다	새그물라	석삼	아득할막(먁)	석삼	보리보

공손히 부처님의 존안을 우러러보며 사뢰었다.
"저희들은 승가의 상수로서 나이도 많고 스스로 이미 열반을
얻었으니 더 이상 할 일이 없다고 생각해서, 더 정진하여
아뇩다라삼먁삼보리를 구하려고 아예 생각조차 하지 않았나이다.

리		세	존	왕	석		설	법	기
提		世	尊	往	昔		說	法	旣
끌제(리)		세상세	높을존	갈왕	옛석		말씀설	법법	이미기

구		아	시	재	좌		신	체	피
久		我	時	在	座		身	體	疲
오랠구		나아	때시	있을재	자리좌		몸신	몸체	지칠피

해		단	념	공			무	상	무	작
懈		但	念	空			無	相	無	作
게으를해		다만단	생각할념	빌공			없을무	모양상	없을무	지을작

어	보	살	법		유	희	신	통
於	菩	薩	法		遊	戲	神	通
어조사어	보리보	보살살	법법		놀유	장난할희	신통할신	통할통

정	불	국	토		성	취	중	생
淨	佛	國	土		成	就	衆	生
깨끗할정	부처불	나라국	흙토		이룰성	이룰취	무리중	날생

세존께서는 이미 오래 전부터 설법하셨으며 당시 저희들은 늘 법문 듣는 자리에 있었으나,
몸이 피곤하고 게을러서 다만 공과 무상과 무작만 생각하였습니다.
그래서 보살이 닦아야 할 법과 자유롭게 신통 부리며
부처님의 국토를 깨끗이 하고, 중생을 성취시키는 일에 대해서는

심	불	희	락		소	이	자	하
心	不	喜	樂		所	以	者	何
마음심	아닐불	기쁠희	즐길락		바소	써이	놈자	어찌하

세	존		영	아	등		출	어	삼
世	尊		令	我	等		出	於	三
세상세	높을존		하여금영	나아	무리등		날출	어조사어	석삼

계		득	열	반	증		우	금	아
界		得	涅	槃	證		又	今	我
지경계		얻을득	개흙열	쟁반반	증득할증		또우	이제금	나아

등		연	이	후	매		어	불	교
等		年	已	朽	邁		於	佛	教
무리등		해연	이미이	쇠할후	늙을매		어조사어	부처불	가르칠교

화	보	살		아	뇩	다	라	삼	먁
化	菩	薩		阿	耨	多	羅	三	藐
화할화	보리보	보살살		언덕아	김맬누(뇩)	많을다	새그물라	석삼	아득할막(먁)

마음으로부터 시큰둥해 있었습니다. 왜냐하면 세존께서는
저희들로 하여금 삼계에서 벗어나 열반을 얻게 하셨고,
또 저희들도 이제 나이가 들게 되자 부처님께서
보살을 교화하시는 아뇩다라삼먁삼보리에 대해서

삼	보	리		불	생	일	념		호
三	菩	提		不	生	一	念		好
석삼	보리보	끝제(리)		아닐불	날생	한일	생각념		좋을호

락	지	심		아	등		금	어	불
樂	之	心		我	等		今	於	佛
즐길락	어조사지	마음심		나아	무리등		이제금	어조사어	부처불

전		문	수	성	문		아	뇩	다
前		聞	授	聲	聞		阿	耨	多
앞전		들을문	줄수	소리성	들을문		언덕아	김맬누(뇩)	많을다

라	삼	먁	삼	보	리	기		심	심
羅	三	藐	三	菩	提	記		心	甚
새그물라	석삼	아득할막(먁)	석삼	보리보	끝제(리)	기록할기		마음심	심할심

환	희		득	미	증	유		불	위
歡	喜		得	未	曾	有		不	謂
기쁠환	기쁠희		얻을득	아닐미	일찍증	있을유		아닐불	이를위

한 번도 괜찮다고 부러워하지 않았던 탓입니다.
그런데 지금 저희들은 부처님 앞에서 성문에게도
아뇩다라삼먁삼보리의 수기를 주시는 것에 대해 듣고 나니까,
마음이 너무 환희하여 일찍이 없던 희유함마저 느끼게 되었습니다.

어	금		홀	연	득	문		희	유
於	今		忽	然	得	聞		希	有
어조사어	이제금		문득홀	그러할연	얻을득	들을문		드물희	있을유

지	법		심	자	경	행		획	대
之	法		深	自	慶	幸		獲	大
어조사지	법법		깊을심	스스로자	경사경	다행행		얻을획	큰대

선	리		무	량	진	보		불	구
善	利		無	量	珍	寶		不	求
착할선	이로울리		없을무	헤아릴량	보배진	보배보		아닐불	구할구

자	득		세	존		아	등	금	자
自	得		世	尊		我	等	今	者
스스로자	얻을득		세상세	높을존		나아	무리등	이제금	놈자

요	설	비	유		이	명	사	의
樂	說	譬	喩		以	明	斯	義
좋아할요	말씀설	비유할비	비유할유		써이	밝을명	이사	의미의

지금 홀연히 희유한 법에 대해 듣고 나자, 스스로 생각해도
정말 다행스러울 정도로 너무 크고 좋은 이익을 얻게 되었나이다.
즉 한량없이 진귀한 보배들을 일부러 구하지 않았는데도 저절로 얻은 셈이옵니다.
세존이시여, 저희들이 이제 알기 쉽게 비유를 들어서 이 뜻을 밝히겠습니다.

비	약	유	인		연	기	유	치
譬	若	有	人		年	旣	幼	稚
비유할비	만약약	있을유	사람인		해 연	이미 기	어릴유	어릴치

사	부	도	서		구	주	타	국
捨	父	逃	逝		久	住	他	國
버릴사	아비부	달아날도	갈 서		오랠구	머물주	다를타	나라국

혹	십	이	십		지	오	십	세
或	十	二	十		至	五	十	歲
혹 혹	열 십	두 이	열 십		이를지	다섯오	열 십	해 세

연	기	장	대		가	부	궁	곤
年	旣	長	大		加	復	窮	困
해 연	이미 기	길 장	큰 대		더할가	다시부	궁할궁	곤할곤

치	빙	사	방		이	구	의	식
馳	騁	四	方		以	求	衣	食
달릴치	달릴빙	넉 사	방위 방		써 이	구할구	옷 의	먹을식

예를 들어 어떤 사람이 나이 어릴 적에 아버지와 헤어지게 되어,
다른 나라에서 십 년·이십 년 아니 오십 년이나
오랫동안 떠나 살게 되었습니다. 나이는 많은 데다
곤궁하여 사방으로 비럭질하며 의식을 구하였는데,

점	점	유	행		우	향	본	국
漸	漸	遊	行		遇	向	本	國
점점 점	점점 점	놀 유	갈 행		만날 우	향할 향	근본 본	나라 국

기	부	선	래		구	자	부	득
其	父	先	來		求	子	不	得
그 기	아비 부	먼저 선	올 래		구할 구	아들 자	아닐 부	얻을 득

중	지	일	성		기	가	대	부
中	止	一	城		其	家	大	富
가운데 중	그칠 지	한 일	성 성		그 기	집 가	큰 대	부자 부

재	보	무	량		금	은	유	리
財	寶	無	量		金	銀	琉	璃
재물 재	보배 보	없을 무	헤아릴 량		쇠 금	은 은	유리 유	유리 리

산	호	호	박		파	려	주	등
珊	瑚	琥	珀		玻	瓈	珠	等
산호 산	산호 호	호박 호	호박 박		파려옥 파	파려옥 려	구슬 주	무리 등

우연히 본국으로 차츰 향하게 되었답니다.
그 아버지는 이전부터 아들을 찾아다니다가 아직 찾지 못하고
어느 성에서 잠시 머물고 있었습니다. 그 집은 아주 부자여서 재물이
한량없이 많으니, 금·은·유리·산호·호박·파려·진주 등 온갖 보배들이

기	제	창	고		실	개	영	일
其	諸	倉	庫		悉	皆	盈	溢
그기	모든제	곳집창	곳집고		다실	다개	찰영	넘칠일

다	유	동	복		신	좌	이	민
多	有	僮	僕		臣	佐	吏	民
많을다	있을유	하인동	종복		신하신	도울좌	관리이	백성민

상	마	거	승		우	양	무	수
象	馬	車	乘		牛	羊	無	數
코끼리상	말마	수레거	탈승		소우	양양	없을무	셀수

출	입	식	리		내	변	타	국
出	入	息	利		乃	遍	他	國
날출	들입	이자식	이자리		이에내	두루편(변)	다를타	나라국

상	고	고	객		역	심	중	다
商	估	賈	客		亦	甚	衆	多
장사상	값고	장사고	손객		또역	심할심	무리중	많을다

창고마다 가득 찼습니다. 하인과 청지기와 신하·보좌관·관리인·일반인들도
아주 많이 있었고, 코끼리·말·수레·소·양들도 헤아릴 수 없이 많았습니다.
게다가 전곡을 빌려주고 받는 이익금으로 타국과 무역을 하였으니,
장사하는 상인과 손님들도 역시 많아서 매우 북적거렸습니다.

시	빈	궁	자		유	제	취	락
時	貧	窮	子		遊	諸	聚	落
때시	가난할빈	궁할궁	아들자		놀유	모든제	마을취	촌락락

경	력	국	읍		수	도	기	부
經	歷	國	邑		遂	到	其	父
지날경	지낼력	나라국	고을읍		드디어수	이를도	그기	아비부

소	지	지	성		부	매	념	자
所	止	之	城		父	每	念	子
바소	그칠지	어조사지	성성		아비부	매양매	생각할념	아들자

여	자	이	별		오	십	여	년
與	子	離	別		五	十	餘	年
더불어여	아들자	떠날이	나눌별		다섯오	열십	남을여	해년

이	미	증	향	인	설	여	차	사
而	未	曾	向	人	說	如	此	事
말이을이	아닐미	일찍증	향할향	사람인	말씀설	같을여	이차	일사

그때에 빈궁한 아들은 여러 마을을 비럭질로 떠돌며 나라와 몇몇 고을을
지나다가 마침내 아버지가 살고 계시는 성까지 이르게 되었습니다.
아버지는 늘 아들을 생각하였습니다. 헤어진 지 벌써 오십여 년이나 되었거늘,
하지만 여태까지 어느 누구에게도 그 사실을 말한 적이 없었습니다.

단	자	사	유		심	회	회	한
但	自	思	惟		心	懷	悔	恨
다만 단	스스로 자	생각할 사	생각할 유		마음 심	품을 회	뉘우칠 회	한할 한

자	념	노	후		다	유	재	물
自	念	老	朽		多	有	財	物
스스로 자	생각할 념	늙을 노	쇠할 후		많을 다	있을 유	재물 재	만물 물

금	은	진	보		창	고	영	일
金	銀	珍	寶		倉	庫	盈	溢
쇠 금	은 은	보배 진	보배 보		곳집 창	곳집 고	찰 영	넘칠 일

무	유	자	식		일	단	종	몰
無	有	子	息		一	旦	終	沒
없을 무	있을 유	아들 자	자식 식		한 일	아침 단	마칠 종	없을 몰

재	물	산	실		무	소	위	부
財	物	散	失		無	所	委	付
재물 재	만물 물	흩을 산	잃을 실		없을 무	바 소	맡길 위	줄 부

그냥 혼자서만 생각하고 마음으로 한탄하면서 또 생각하되,
'나이는 자꾸 늙어만 가는데 재물은 산더미처럼 불어나는구나. 아무리 금과 은 등
각종 진귀한 보배들이 창고마다 가득하더라도, 자식이 하나도 없으니 내가 하루아침에
죽고 나면 재물도 산산이 흩어져 버릴 것이 아닌가!' 이렇게 재산을 물려줄 사람이 없어서

시	이	은	근		매	억	기	자
是	以	慇	懃		每	憶	其	子
이 시	써 이	은근할 은	은근할 근		매양 매	생각할 억	그 기	아들 자

부	작	시	념		아	약	득	자
復	作	是	念		我	若	得	子
다시 부	지을 작	이 시	생각 념		나 아	만약 약	얻을 득	아들 자

위	부	재	물		탄	연	쾌	락
委	付	財	物		坦	然	快	樂
맡길 위	줄 부	재물 재	만물 물		평평할 탄	그러할 연	쾌할 쾌	즐길 락

무	부	우	려		세	존	이	시
無	復	憂	慮		世	尊	爾	時
없을 무	다시 부	근심할 우	근심할 려		세상 세	높을 존	그 이	때 시

궁	자		용	임	전	전		우	도
窮	子		傭	賃	展	轉		遇	到
궁할 궁	아들 자		품팔이 용	품팔이 임	펼 전	구를 전		만날 우	이를 도

은근히 매양 그 자식만을 기다리며 또 생각하기를,
'내가 만약 자식을 만나서 재물을 전해줄 수 있다면,
마음이 홀가분하고 즐거워서 아무런 근심걱정이 없으련만…….'
세존이시여, 그때 빈궁한 아들은 품팔이로 전전하다가

부	사		주	립	문	측		요	견
父	舍		住	立	門	側		遙	見
아비부	집사		머물주	설립	문문	곁측		멀요	볼견

기	부		거	사	자	상		보	궤
其	父		踞	師	子	床		寶	几
그기	아비부		걸터앉을거	스승사	아들자	평상상		보배보	책상궤

승	족		제	바	라	문		찰	리
承	足		諸	婆	羅	門		刹	利
받들승	발족		모든제	할미 파(바)	새그물라	문문		절찰	이로울리

거	사		개	공	경	위	요		이
居	士		皆	恭	敬	圍	繞		以
살거	선비사		다개	공손할공	공경할경	두를위	두를요		써이

진	주	영	락		가	치	천	만	
眞	珠	瓔	珞		價	値	千	萬	
참진	구슬주	구슬목걸이영	구슬목걸이락		값가	값치	일천천	일만만	

아버지가 사는 집에 우연히 이르게 되었습니다. 대문 옆에 서서 멀리
그 아버지를 바라보자니, 사자상에 걸터앉아 보배궤에 발을 올려놓고 있었습니다.
그리고 많은 바라문과 찰리와 거사들이 공경히 둘러서서 모시고 있었습니다.
아버지는 값이 천만 냥이나 됨직한 진주영락으로

장	엄	기	신		이	민	동	복
莊	嚴	其	身		吏	民	僮	僕
꾸밀 장	엄할 엄	그 기	몸 신		관리 이	백성 민	하인 동	종 복

수	집	백	불		시	립	좌	우
手	執	白	拂		侍	立	左	右
손 수	잡을 집	흰 백	총채 불		모실 시	설 립	왼쪽 좌	오른쪽 우

부	이	보	장		수	제	화	번
覆	以	寶	帳		垂	諸	華	幡
덮을 부	써 이	보배 보	휘장 장		드리울 수	모든 제	꽃 화	기 번

향	수	쇄	지		산	중	명	화
香	水	灑	地		散	衆	名	華
향기 향	물 수	뿌릴 쇄	땅 지		흩을 산	무리 중	이름 명	꽃 화

나	열	보	물		출	납	취	여
羅	列	寶	物		出	內	取	與
벌릴 나	벌릴 열	보배 보	만물 물		날 출	들일 납	취할 취	줄 여

몸을 치장하였고, 관리인과 일반인 그리고 하인과 시종들이
손에 흰 불자를 들고 좌우에 서 있었습니다. 게다가 보배휘장을 치고
온갖 꽃번을 드리웠으며, 향수를 땅에 뿌리고 여러 가지 이름난 꽃잎을
흩뿌렸습니다. 더욱이 각종 보물들을 벌려놓은 채 내어주고 받았나니,

유	여	시	등		종	종	엄	식
有	如	是	等		種	種	嚴	飾
있을유	같을여	이시	무리등		종류종	종류종	엄할엄	꾸밀식

위	덕	특	존		궁	자	견	부
威	德	特	尊		窮	子	見	父
위엄위	덕덕	특별할특	높을존		궁할궁	아들자	볼견	아비부

유	대	력	세		즉	회	공	포
有	大	力	勢		卽	懷	恐	怖
있을유	큰대	힘력	기세세		곧즉	품을회	두려울공	두려워할포

회	래	지	차		절	작	시	념
悔	來	至	此		竊	作	是	念
뉘우칠회	올래	이를지	이차		몰래절	지을작	이시	생각념

차	혹	시	왕		혹	시	왕	등
此	或	是	王		或	是	王	等
이차	혹혹	이시	임금왕		혹혹	이시	임금왕	무리등

이처럼 여러 가지로 장엄하매 위엄과 덕이 한층 높아 보였습니다.
빈궁한 아들은 아버지의 커다란 세력을 확인하자,
곧 두려운 마음을 품고 여기까지 온 것을 후회하며 속으로
가만히 생각하였습니다. '저 분은 왕이거나 왕족일 것이야.

비	아	용	력		득	물	지	처	
非	我	傭	力		得	物	之	處	
아닐비	나아	품팔이용	힘력		얻을득	만물물	어조사지	곳처	

불	여	왕	지	빈	리		사	력	유
不	如	往	至	貧	里		肆	力	有
아닐불	같을여	갈왕	이를지	가난할빈	마을리		힘쓸사	힘력	있을유

지		의	식	이	득		약	구	주
地		衣	食	易	得		若	久	住
땅지		옷의	먹을식	쉬울이	얻을득		만약약	오랠구	머물주

차		혹	견	핍	박		강	사	아
此		或	見	逼	迫		强	使	我
이차		혹혹	볼견	닥칠핍	닥칠박		굳셀강	부릴사	나아

작		작	시	념	이		질	주	이
作		作	是	念	已		疾	走	而
지을작		지을작	이시	생각념	마칠이		빠를질	달릴주	말이을이

> 내가 품을 팔아 삯을 받을 만한 곳이 아니로구나. 그러니 차라리
> 가난한 동네로 가서 일할 땅이 있으면, 내 힘껏 일하고 벌어서 의식을 얻는 편이 낫겠다.
> 자칫 여기서 오래 어물거리고 있다가는 강제로 붙들려 일을 하게 될지도 모르겠구나.'
> 이렇게 생각하고는 급히 그곳을 떠났습니다.

거		시	부	장	자		어	사	자
去		時	富	長	者		於	師	子
갈거		때시	부자부	길장	놈자		어조사어	스승사	아들자

좌		견	자	변	식		심	대	환
座		見	子	便	識		心	大	歡
자리좌		볼견	아들자	문득변	알식		마음심	큰대	기쁠환

희		즉	작	시	념		아	재	물
喜		卽	作	是	念		我	財	物
기쁠희		곧즉	지을작	이시	생각념		나아	재물재	만물물

고	장		금	유	소	부		아	상
庫	藏		今	有	所	付		我	常
곳집고	곳간장		이제금	있을유	바소	줄부		나아	항상상

사	념	차	자		무	유	견	지
思	念	此	子		無	由	見	之
생각할사	생각할념	이차	아들자		없을무	말미암을유	볼견	어조사지

당시 부유한 장자는 사자좌에서 자기 아들이 온 것을 이내 알아채고,
마음으로 크게 기뻐하며 이렇게 생각하였습니다.
'나의 창고에 가득 찬 재물들을 물려받을 사람이 이제 제 발로 왔구나.
아무리 생각해도 만날 수가 없더니만,

이	홀	자	래		심	적	아	원
而	忽	自	來		甚	適	我	願
말이을이	문득 홀	스스로 자	올 래		심할 심	알맞을 적	나 아	원할 원

아	수	년	후		유	고	탐	석
我	雖	年	朽		猶	故	貪	惜
나 아	비록 수	해 년	쇠할 후		오히려 유	연고 고	탐할 탐	아낄 석

즉	견	방	인		급	추	장	환
卽	遣	傍	人		急	追	將	還
곧 즉	보낼 견	곁 방	사람 인		급할 급	쫓을 추	거느릴 장	돌아올 환

이	시	사	자		질	주	왕	착
爾	時	使	者		疾	走	往	捉
그 이	때 시	부릴 사	놈 자		빠를 질	달릴 주	갈 왕	잡을 착

궁	자	경	악		칭	원	대	환
窮	子	驚	愕		稱	怨	大	喚
궁할 궁	아들 자	놀랄 경	놀랄 악		일컬을 칭	원망할 원	큰 대	부를 환

홀연히 제 발로 직접 찾아왔으니 이것이야말로 내가 바라던 바가 아닌가.
내 비록 나이 많아 늙었으나, 이런 까닭에 여태까지 재물을 소중히 아껴두었도다.'
이윽고 곁에 있던 사람을 보내어 빨리 가서 아들을 데려오도록 하였습니다.
장자의 심부름꾼이 급히 가서 그를 붙잡으니, 비렁뱅이 아들은 놀라 원망하며 크게 부르짖었습니다.

아	불	상	범		하	위	견	착
我	不	相	犯		何	爲	見	捉
나아	아닐불	서로상	범할범		어찌하	할위	볼견	잡을착

사	자		집	지	유	급		강	견
使	者		執	之	愈	急		强	牽
부릴사	놈자		잡을집	어조사지	더욱유	급할급		굳셀강	끌견

장	환		우	시		궁	자	자	념
將	還		于	時		窮	子	自	念
거느릴장	돌아올환		어조사우	때시		궁할궁	아들자	스스로자	생각할념

무	죄	이	피	수	집		차	필	정
無	罪	而	被	囚	執		此	必	定
없을무	허물죄	말이을이	입을피	가둘수	잡을집		이차	반드시필	정할정

사		전	갱	황	포		민	절	벽
死		轉	更	惶	怖		悶	絶	壁
죽을사		구를전	다시갱	두려워할황	두려워할포		번민할민	끊을절	넘어질벽

'나는 아무 잘못한 것도 없는데, 어찌하여 붙잡아 가느냐?'
그러자 심부름꾼은 더욱 단단히 붙잡고 강제로 끌고서라도 데려가려고 하였습니다.
빈궁한 아들이 생각하기를, '죄도 없는데 붙들려 가게 되었으니, 반드시 죽고 말겠구나!'
이런 생각이 들자 더욱 겁이 나서 정신을 잃고 땅에 쓰러져 버렸습니다.

지		부	요	견	지		이	어	사
地		父	遙	見	之		而	語	使
땅지		아비부	멀요	볼견	어조사지		말이을이	말씀어	부릴사

언		불	수	차	인		물	강	장
言		不	須	此	人		勿	强	將
말씀언		아닐불	필요할수	이차	사람인		말물	굳셀강	거느릴장

래		이	냉	수	쇄	면		영	득
來		以	冷	水	灑	面		令	得
올래		써이	찰냉	물수	뿌릴쇄	낯면		하여금영	얻을득

성	오		막	부	여	어		소	이
醒	悟		莫	復	與	語		所	以
깰성	깨달을오		말막	다시부	더불어여	말씀어		바소	써이

자	하		부	지	기	자		지	의
者	何		父	知	其	子		志	意
놈자	어찌하		아비부	알지	그기	아들자		뜻지	뜻의

장자인 아버지가 멀리서 그 광경을 보고는 심부름꾼에게 말하되,
'그 사람을 쓰지 않을 터이니 강제로 데려오지 말고, 냉수를 얼굴에 뿌려서
빨리 깨어나게 하여라. 그리고 다시는 그와 말도 하지 마라!'
왜냐하면 아버지는 아들의 마음이

하	열		자	지	호	귀		위	자
下	劣		自	知	豪	貴		爲	子
아래 하	용렬할 열		스스로 자	알 지	호걸 호	귀할 귀		할 위	아들 자

소	난		심	지	시	자		이	이
所	難		審	知	是	子		而	以
바 소	어려울 난		살필 심	알 지	이 시	아들 자		말이을 이	써 이

방	편		불	어	타	인		운	시
方	便		不	語	他	人		云	是
처방 방	편할 편		아닐 불	말씀 어	다를 타	사람 인		이를 운	이 시

아	자		사	자	어	지		아	금
我	子		使	者	語	之		我	今
나 아	아들 자		부릴 사	놈 자	말씀 어	어조사 지		나 아	이제 금

방	여		수	의	소	취		궁	자
放	汝		隨	意	所	趣		窮	子
놓을 방	너 여		따를 수	뜻 의	바 소	향할 취		궁할 궁	아들 자

용렬해졌음을 알았으며, 자신의 호사함과 고귀함이 아들에게는 받아들이기 어려운 점이 될 수도 있다는 사실을 이해했기 때문입니다. 그래서 자기 아들인 줄을 알면서도 일부러 어떤 사람에게도 그가 자기 아들이라고 말하지 않은 채, 심부름꾼에게 다음과 같이 말하도록 시켰습니다. '내가 너를 놓아줄 터이니, 네 맘대로 가거라!'

환	희		득	미	증	유		종	지
歡	喜		得	未	曾	有		從	地
기쁠환	기쁠희		얻을득	아닐미	일찍증	있을유		좇을종	땅지
이	기		왕	지	빈	리		이	구
而	起		往	至	貧	里		以	求
말이을이	일어날기		갈왕	이를지	가난할빈	마을리		써이	구할구
의	식		이	시	장	자		장	욕
衣	食		爾	時	長	者		將	欲
옷의	먹을식		그이	때시	길장	놈자		장차장	하고자할욕
유	인	기	자		이	설	방	편	
誘	引	其	子		而	設	方	便	
달랠유	끌인	그기	아들자		말이을이	베풀설	처방방	편할편	
밀	견	이	인		형	색	초	췌	
密	遣	二	人		形	色	憔	悴	
은밀할밀	보낼견	두이	사람인		모양형	빛색	수척할초	파리할췌	

빈궁한 아들은 너무 좋아서 일찍이 없던 희유함을 느끼며,
땅에서 벌떡 일어나 가난한 마을로 가서 밥벌이를 하였습니다.
그때 장자는 아들을 유인하여 데려오고자 방편을 베풀어,
모양이 초라하고 보잘것없는 두 사람을

무	위	덕	자		여	가	예	피	
無	威	德	者		汝	可	詣	彼	
없을무	위엄위	덕덕	놈자		너여	가히가	이를예	저피	

서	어	궁	자		차	유	작	처	
徐	語	窮	子		此	有	作	處	
천천할서	말씀어	궁할궁	아들자		이차	있을유	지을작	곳처	

배	여	여	치		궁	자	약	허	
倍	與	汝	直		窮	子	若	許	
곱배	줄여	너여	값치		궁할궁	아들자	만약약	허락할허	

장	래	사	작		약	언	욕	하	소
將	來	使	作		若	言	欲	何	所
거느릴장	올래	부릴사	지을작		만약약	말씀언	하고자할욕	어찌하	바소

작		변	가	어	지		고	여	제
作		便	可	語	之		雇	汝	除
지을작		문득변	가히가	말씀어	어조사지		고용할고	너여	제할제

> 은밀히 보내며 이렇게 일렀습니다. '너희들은 저곳에 가서 저 사람에게
> 넌지시 말하기를, 「저기 품을 팔 곳이 있는데 삯을 두 배로 준다」고 말하거라.
> 그래서 저 사람이 허락하거든 데리고 오되, 「무슨 일을 할 것이냐」고 묻거든
> 똥거름을 치는 일이라고 답하여라.

분		아	등	이	인		역	공	여
糞		我	等	二	人		亦	共	汝
똥분		나아	무리등	두이	사람인		또역	함께공	너여

작		시	이	사	인		즉	구	궁
作		時	二	使	人		卽	求	窮
지을작		때시	두이	부릴사	사람인		곧즉	구할구	궁할궁

자		기	이	득	지		구	진	상
子		旣	已	得	之		具	陳	上
아들자		이미기	이미이	얻을득	어조사지		갖출구	베풀진	위상

사		이	시	궁	자		선	취	기
事		爾	時	窮	子		先	取	其
일사		그이	때시	궁할궁	아들자		먼저선	취할취	그기

가		심	여	제	분		기	부	견
價		尋	與	除	糞		其	父	見
값가		곧심	더불어여	제할제	똥분		그기	아비부	볼견

> 그리고 「우리도 너와 함께 그곳에서 품을 팔 것이다」라고 하여라.'
> 곧 두 사람이 빈궁한 아들을 찾아가서 주인이 시킨 대로 말을 하자,
> 그때 빈궁한 아들은 품삯을 먼저 받기로 하고
> 똥거름을 치우게 되었습니다. 아버지는 아들을 보니

자		민	이	괴	지		우	이	타
子		愍	而	怪	之		又	以	他
아들자		가엾을민	말이을이	기이할괴	어조사지		또우	써이	다를타

일		어	창	유	중		요	견	자
日		於	窓	牖	中		遙	見	子
날일		어조사어	창창	창유	가운데중		멀요	볼견	아들자

신		이	수	초	췌		분	토	진
身		羸	瘦	憔	悴		糞	土	塵
몸신		여월이	파리할수	수척할초	파리할췌		똥분	흙토	티끌진

분		오	예	부	정		즉	탈	영
坌		汚	穢	不	淨		卽	脫	瓔
먼지분		더러울오	더러울예	아닐부	깨끗할정		곧즉	벗을탈	구슬목걸이영

락		세	연	상	복		엄	식	지
珞		細	軟	上	服		嚴	飾	之
구슬목걸이락		가늘세	연할연	좋을상	옷복		엄할엄	꾸밀식	어조사지

한없이 불쌍하고 안타까웠습니다. 어느 날 창 틈으로
멀리 아들을 보건대, 야위고 초췌하며 먼지투성이고
더럽기 짝이 없는 데다 말할 수 없이 지저분했습니다.
장자는 곧 목걸이와 부드러운 의복과 장신구 따위를 벗어던지고,

구		갱	착	추	폐		구	이	지
具		更	著	麤	弊		垢	膩	之
갖출구		다시갱	입을착	거칠추	해질폐		때구	때이	어조사지

의		진	토	분	신		우	수	집
衣		塵	土	坌	身		右	手	執
옷의		티끌진	흙토	먼지분	몸신		오른쪽우	손수	잡을집

지		제	분	지	기		상	유	소
持		除	糞	之	器		狀	有	所
가질지		제할제	똥분	어조사지	그릇기		형상상	있을유	바소

외		어	제	작	인		여	등	근
畏		語	諸	作	人		汝	等	勤
두려워할외		말씀어	모든제	지을작	사람인		너여	무리등	부지런할근

작		물	득	해	식		이	방	편
作		勿	得	懈	息		以	方	便
지을작		말물	얻을득	게으를해	쉴식		써이	처방방	편할편

때 묻고 허름한 옷으로 갈아입었습니다. 흙과 먼지를 몸에 묻힌 채
오른손에는 똥거름치는 그릇을 잡고, 조심스럽게
일꾼들 있는 곳으로 가서 여러 사람들에게 말하였습니다.
'너희들은 부지런히 일하고, 게으름을 피우지 마라!' 이런 방편으로

고		득	근	기	자		후	부	고
故		得	近	其	子		後	復	告
연고고		얻을득	가까울근	그기	아들자		뒤후	다시부	알릴고

언		돌	남	자		여	상	차	작
言		咄	男	子		汝	常	此	作
말씀언		꾸짖을돌	사내남	아들자		너여	항상상	이차	지을작

물	부	여	거		당	가	여	가	
勿	復	餘	去		當	加	汝	價	
말물	다시부	남을여	갈거		마땅히당	더할가	너여	값가	

제	유	소	수		분	기	미	면	
諸	有	所	須		盆	器	米	麵	
모든제	있을유	바소	필요할수		동이분	그릇기	쌀미	밀가루면	

염	초	지	속		막	자	의	난	
鹽	醋	之	屬		莫	自	疑	難	
소금염	식초초	어조사지	무리속		말막	스스로자	의심할의	어려울난	

그 아들에게까지 다가가서 또 이르기를,
'여보게, 이 사람아! 자네는 여기서만 일하고 다른 곳에는 아예 가지 말도록 하게.
그러면 품삯도 더 올려줄 것이며, 온갖 필요한 그릇이랑 곡식·소금,
그리고 장 같은 일용품 따위도 걱정하지 않도록 대주겠네.

역	유	노	폐	사	인		수	자	상
亦	有	老	弊	使	人		須	者	相
또역	있을유	늙을노	해질폐	부릴사	사람인		필요할수	놈자	서로상

급		호	자	안	의		아	여	여
給		好	自	安	意		我	如	汝
줄급		좋을호	스스로자	편안할안	뜻의		나아	같을여	너여

부		물	부	우	려		소	이	자
父		勿	復	憂	慮		所	以	者
아비부		말물	다시부	근심할우	생각할려		바소	써이	놈자

하	아	년	노	대			이	여	소
何	我	年	老	大			而	汝	少
어찌하	나아	해년	늙을노	큰대			말이을이	너여	젊을소

장		여	상	작	시		무	유	기
壯		汝	常	作	時		無	有	欺
씩씩할장		너여	항상상	지을작	때시		없을무	있을유	속일기

또한 늙은 일꾼도 있으므로 쓸 일이 있다면 언제든 붙여줄 터이니,
편안히 안심하고 일하며 잘 지내도록 하게나.
나는 자네 아버지와 같으니 다시는 염려하지 말게.
나는 늙었지만 자네는 젊지 않은가! 그리고 자네가 항상 일을 할 때에

태		진	한	원	언		도	불	견
怠		瞋	恨	怨	言		都	不	見
게으를태		성낼진	한할한	원망할원	말씀언		도무지도	아닐불	볼견

여		유	차	제	악		여	여	작
汝		有	此	諸	惡		如	餘	作
너여		있을유	이차	모든제	악할악		같을여	남을여	지을작

인		자	금	이	후		여	소	생
人		自	今	已	後		如	所	生
사람인		~로부터자	이제금	이미이	뒤후		같을여	바소	날생

자		즉	시	장	자		갱	여	작
子		卽	時	長	者		更	與	作
아들자		곧즉	때시	길장	놈자		다시갱	줄여	지을작

자		명	지	위	아		이	시	궁
字		名	之	爲	兒		爾	時	窮
이름자		이름명	어조사지	할위	아이아		그이	때시	궁할궁

속이고 성내거나 원망하는 등 일체 불평이 없어서, 다른 일꾼들과는
좀 다르더구만. 따라서 이제부터는 내 친자식처럼 여기겠네.'
이리하여 장자는 빈궁한 아들에게 이름을 다시 지어주며
'우리 아이'라고 애칭으로 불렀습니다. 그때 빈궁한 아들은

자		수	흔	차	우		유	고	자
子		雖	欣	此	遇		猶	故	自
아들자		비록수	기뻐할흔	이차	대우우		오히려유	옛고	스스로자

위		객	작	천	인		유	시	지
謂		客	作	賤	人		由	是	之
이를위		손객	지을작	천할천	사람인		말미암을유	이시	어조사지

고		어	이	십	년	중		상	령
故		於	二	十	年	中		常	令
연고고		어조사어	두이	열십	해년	가운데중		항상상	하여금령

제	분		과	시	이	후		심	상
除	糞		過	是	已	後		心	相
제할제	똥분		지날과	이시	이미이	뒤후		마음심	서로상

체	신		입	출	무	난		연	기
體	信		入	出	無	難		然	其
받아들일체	믿을신		들입	날출	없을무	어려울난		그러할연	그기

비록 이렇게 대우받는 것이 기쁘기는 했지만,
그래도 자기 생각에는 객지에서 온 천한 사람이거니 하여
이십 년 동안이나 똥거름만 치고 살았습니다. 이렇게 지내는 동안
마음으로 서로 알고 믿게 되어 출입이 무난해졌는데도,

소	지		유	재	본	처		세	존
所	止		猶	在	本	處		世	尊
바소	그칠지		오히려유	있을재	근본본	곳처		세상세	높을존

이	시		장	자	유	질		자	지
爾	時		長	者	有	疾		自	知
그이	때시		길장	놈자	있을유	병질		스스로자	알지

장	사	불	구		어	궁	자	언
將	死	不	久		語	窮	子	言
장차장	죽을사	아닐불	오랠구		말씀어	궁할궁	아들자	말씀언

아	금	다	유		금	은	진	보
我	今	多	有		金	銀	珍	寶
나아	이제금	많을다	있을유		쇠금	은은	보배진	보배보

창	고	영	일		기	중	다	소
倉	庫	盈	溢		其	中	多	少
곳집창	곳집고	찰영	넘칠일		그기	가운데중	많을다	적을소

그가 머무는 곳은 여전히 본래 있던 누추한 데를 벗어나지 못했습니다.
세존이시여! 그때 장자가 병이 들어 스스로 죽을 날이 멀지 않았음을 알고,
빈궁한 아들에게 말하였습니다. '지금 나에게는 금과 은 진귀한 보배들이
창고마다 아주 잔뜩 있도다. 그 가운데 어떤 게 많고 적은가,

소	응	취	여		여	실	지	지
所	應	取	與		汝	悉	知	之
바소	응당히응	취할취	줄여		너여	다실	알지	어조사지

아	심	여	시		당	체	차	의
我	心	如	是		當	體	此	意
나아	마음심	같을여	이시		마땅히당	받아들일체	이차	뜻의

소	이	자	하		금	아	여	여
所	以	者	何		今	我	與	汝
바소	써이	놈자	어찌하		이제금	나아	더불어여	너여

변	위	불	이		의	가	용	심
便	爲	不	異		宜	加	用	心
문득변	할위	아닐불	다를이		마땅할의	더할가	쓸용	마음심

무	령	누	실		이	시	궁	자
無	令	漏	失		爾	時	窮	子
없을무	하여금령	샐누	잃을실		그이	때시	궁할궁	아들자

또 무엇을 내어주고 받아야 하는가 따위를 이제 네가 다 알아서 하여라.
내 마음이 이러하니 내 뜻을 잘 받들어 처리하도록 하여라.
왜냐하면 이제 너와 나는 거의 똑같기 때문이니, 더욱 조심해서
소홀히 하거나 실수하지 말지어다.' 그때 빈궁한 아들은

즉	수	교	칙		영	지	중	물
卽	受	敎	勅		領	知	衆	物
곧 즉	받을 수	가르침 교	조서 칙		거느릴 영	알 지	무리 중	만물 물

금	은	진	보		급	제	고	장
金	銀	珍	寶		及	諸	庫	藏
쇠 금	은 은	보배 진	보배 보		및 급	모든 제	곳집 고	곳간 장

이	무	희	취		일	찬	지	의
而	無	悕	取		一	餐	之	意
말이을 이	없을 무	원할 희	취할 취		한 일	먹을 찬	어조사 지	뜻 의

연	기	소	지		고	재	본	처
然	其	所	止		故	在	本	處
그러할 연	그 기	바 소	그칠 지		옛 고	있을 재	근본 본	곳 처

하	열	지	심		역	미	능	사
下	劣	之	心		亦	未	能	捨
아래 하	용렬할 열	어조사 지	마음 심		또 역	아닐 미	능할 능	버릴 사

곧 분부를 받들어 여러 재산과 금·은의 진귀한 보배들이 들어있는
모든 창고들을 맡아서 처리하였습니다. 그렇지만 단 한 푼도
그냥 가지려는 뜻이 없었고, 머무는 곳도 여전히 본래 있던 곳이었으며
하열한 마음 역시 극복하지 못하였습니다.

부	경	소	시		부	지	자	의
復	經	少	時		父	知	子	意
다시부	지날경	적을소	때시		아비부	알지	아들자	뜻의

점	이	통	태		성	취	대	지
漸	已	通	泰		成	就	大	志
점점점	이미이	통할통	클태		이룰성	이룰취	큰대	뜻지

자	비	선	심		임	욕	종	시
自	鄙	先	心		臨	欲	終	時
스스로자	더러울비	먼저선	마음심		임할임	하고자할욕	마칠종	때시

이	명	기	자		병	회	친	족
而	命	其	子		幷	會	親	族
말이을이	명령할명	그기	아들자		아우를병	모을회	친할친	겨레족

국	왕	대	신		찰	리	거	사
國	王	大	臣		刹	利	居	士
나라국	임금왕	큰대	신하신		절찰	이로울리	살거	선비사

다시 얼마가 지난 후에 아버지는 아들의 마음이 점점 커져서
큰 뜻을 지니게 되었고, 지난날 소심하게 생각했던 것을
후회하고 있는 것을 알아차리게 되었습니다. 목숨을 마칠 때가 다가오자
장자는 아들에게 분부하여, 친족들과 국왕·대신·찰리·거사들을

개	실	이	집		즉	자	선	언
皆	悉	已	集		卽	自	宣	言
다개	다실	이미이	모일집		곧즉	스스로자	베풀선	말씀언

제	군	당	지		차	시	아	자
諸	君	當	知		此	是	我	子
모든제	임금군	마땅히당	알지		이차	이시	나아	아들자

아	지	소	생		어	모	성	중
我	之	所	生		於	某	城	中
나아	어조사지	바소	날생		어조사어	아무모	성성	가운데중

사	오	도	주		영	빙	신	고
捨	吾	逃	走		伶	俜	辛	苦
버릴사	나오	달아날도	달릴주		비틀거릴영	비틀거릴빙	매울신	괴로울고

오	십	여	년		기	본	자	모
五	十	餘	年		其	本	字	某
다섯오	열십	남을여	해년		그기	근본본	이름자	아무모

모두 다 모이게 해놓고 직접 선언하였습니다.
'여러분! 사실 이 아이는 나의 친아들입니다. 내 진짜 혈육이건만,
어떤 성에서 헤어져 자그마치 오십여 년 동안이나 홀로 헤매 다니며
갖은 고생을 겪었답니다. 이 아이의 본래 이름은 아무개이고

아	명	모	갑		석	재	본	성	
我	名	某	甲		昔	在	本	城	
나아	이름명	아무모	아무갑		옛석	있을재	근본본	성성	
회	우	추	멱		홀	어	차	간	
懷	憂	推	覓		忽	於	此	間	
품을회	근심우	추측할추	찾을멱		문득홀	어조사어	이차	사이간	
우	회	득	지		차	실	아	자	
遇	會	得	之		此	實	我	子	
만날우	모일회	얻을득	어조사지		이차	진실실	나아	아들자	
아	실	기	부		금	아	소	유	
我	實	其	父		今	我	所	有	
나아	진실실	그기	아비부		이제금	나아	바소	있을유	
일	체	재	물		개	시	자	유	
一	切	財	物		皆	是	子	有	
한일	모두체	재물재	만물물		다개	이시	아들자	있을유	

나의 이름은 아무개입니다. 그 옛날 잃어버린 성에서 혼비백산하여 찾느라고
무척 애를 썼으나 끝내 만나지 못하다가, 뜻밖에 이곳에서 만나게 되었습니다.
이 아이는 나의 아들이고, 나는 진짜 이 아이의 아버지입니다.
이제 내가 소유한 재물들은 전부 다 아들의 소유이며,

선	소	출	납		시	자	소	지
先	所	出	内		是	子	所	知
먼저 선	바 소	날 출	들일 납		이 시	아들 자	바 소	알 지

세	존		시	시	궁	자		문	부
世	尊		是	時	窮	子		聞	父
세상 세	높을 존		이 시	때 시	궁할 궁	아들 자		들을 문	아비 부

차	언		즉	대	환	희		득	미
此	言		卽	大	歡	喜		得	未
이 차	말씀 언		곧 즉	큰 대	기쁠 환	기쁠 희		얻을 득	아닐 미

증	유		이	작	시	념		아	본
曾	有		而	作	是	念		我	本
일찍 증	있을 유		말이을 이	지을 작	이 시	생각 념		나 아	근본 본

무	심	유	소	희	구		금	차	보
無	心	有	所	希	求		今	此	寶
없을 무	마음 심	있을 유	바 소	바랄 희	구할 구		이제 금	이 차	보배 보

예전부터 내어주고 받아들이던 출납관계의 온갖 일들도 앞으로 이 아들이 다 알아서 할 것입니다.'
세존이시여! 이때 빈궁한 아들은 아버지의 그 말을 듣고 너무나 좋아서
일찍이 없던 희유함을 느끼며 혼자 생각하기를, '나는 본래 재물에 대해
조금도 바라는 마음이 없었는데, 지금 이 엄청난 보배창고가

장		자	연	이	지		세	존	
藏		自	然	而	至		世	尊	
곳간장		스스로자	그러할연	말이을이	이를지		세상세	높을존	

대	부	장	자		즉	시	여	래	
大	富	長	者		則	是	如	來	
큰대	부자부	길장	놈자		곧즉	이시	같을여	올래	

아	등		개	사	불	자		여	래
我	等		皆	似	佛	子		如	來
나아	무리등		다개	같을사	부처불	아들자		같을여	올래

상	설		아	등	위	자		세	존
常	說		我	等	爲	子		世	尊
항상상	말씀설		나아	무리등	할위	아들자		세상세	높을존

아	등		이	삼	고	고		어	생
我	等		以	三	苦	故		於	生
나아	무리등		써이	석삼	괴로울고	연고고		어조사어	날생

저절로 굴러왔도다!' 세존이시여!
큰 부자인 장자는 곧 여래이시고 저희들은 다 부처님의 아들과 같나니,
여래께서는 항상 말씀하시기를 저희들을 '아들'이라 부르셨습니다.
세존이시여! 저희들은 세 가지 고통 때문에

사	중		수	제	열	뇌		미	혹
死	中		受	諸	熱	惱		迷	惑
죽을사	가운데 중		받을 수	모든 제	더울 열	괴로워할 뇌		미혹할 미	미혹할 혹

무	지		낙	착	소	법		금	일
無	知		樂	著	小	法		今	日
없을 무	알 지		즐길 낙	잡을 착	작을 소	법 법		이제 금	날 일

세	존		영	아	등		사	유	견
世	尊		令	我	等		思	惟	蠲
세상 세	높을 존		하여금 영	나 아	무리 등		생각할 사	생각할 유	덜 견

제		제	법	희	론	지	분		아
除		諸	法	戲	論	之	糞		我
제할 제		모든 제	법 법	장난할 희	의논할 론	어조사 지	똥 분		나 아

등	어	중		근	가	정	진		득
等	於	中		勤	加	精	進		得
무리 등	어조사 어	가운데 중		부지런할 근	더할 가	정미할 정	나아갈 진		얻을 득

나고 죽음의 윤회 가운데 갖은 번민에 시달리며,
미혹하고 무지하여 소승법에만 빠져 집착하였나이다.
오늘날 세존께서 저희들로 하여금 모든 법의 희론을 똥거름으로 생각하고
치워버리게 하시니, 저희들은 가르침 가운데 부지런히 정진하여

지 至 이를지	열 涅 개흙열	반 槃 쟁반반		일 一 한일	일 日 날일	지 之 어조사지	가 價 값가		기 旣 이미기
득 得 얻을득	차 此 이차	이 已 이미이		심 心 마음심	대 大 큰대	환 歡 기쁠환	희 喜 기쁠희		자 自 스스로자
이 以 써이	위 爲 할위	족 足 족할족		이 而 말이을이	변 便 문득변	자 自 스스로자	위 謂 이를위		어 於 어조사어
불 佛 부처불	법 法 법법	중 中 가운데중		근 勤 부지런할근	정 精 정미할정	진 進 나아갈진	고 故 연고고		소 所 바소
득 得 얻을득	홍 弘 넓을홍	다 多 많을다		연 然 그러할연	세 世 세상세	존 尊 높을존		선 先 먼저선	지 知 알지

열반의 하루 품삯을 얻는 단계에 오르게 되었나이다. 그런데
겨우 그것을 얻고서 마음으로 크게 환희하여 스스로 만족하게 여기며,
'불법 가운데 부지런히 정진해서 얻은 소득이 아주 많다' 라고
여기곤 했나이다. 그러나 세존께서는

아	등		심	착	폐	욕		낙	어
我	等		心	著	弊	欲		樂	於
나아	무리등		마음심	잡을착	해질폐	욕심욕		즐길낙	어조사어

소	법		변	견	종	사		불	위
小	法		便	見	縱	捨		不	爲
작을소	법법		문득변	볼견	놓을종	버릴사		아닐불	할위

분	별		여	등		당	유	여	래
分	別		汝	等		當	有	如	來
나눌분	나눌별		너여	무리등		마땅히당	있을유	같을여	올래

지	견		보	장	지	분		세	존
知	見		寶	藏	之	分		世	尊
알지	볼견		보배보	곳간장	어조사지	나눌분		세상세	높을존

이	방	편	력		설	여	래	지	혜
以	方	便	力		說	如	來	智	慧
써이	처방방	편할편	힘력		말씀설	같을여	올래	슬기지	지혜혜

저희들 마음이 부질없는 욕망에 집착되어 소승법만 좋아하는 것을
미리 아시고는 그냥 내버려 두셨습니다. 그래서 '너희에게도 마땅히
여래의 지혜에 해당하는 보배광의 몫이 있도다'라고 분별해 주시지 않으셨나이다.
세존께서 방편력으로써 여래의 지혜를 설하셨건만,

아	등	종	불		득	열	반	일	일
我	等	從	佛		得	涅	槃	一	日
나아	무리등	좇을종	부처불		얻을득	개흙열	쟁반반	한일	날일

지	가		이	위	대	득		어	차
之	價		以	爲	大	得		於	此
어조사지	값가		써이	할위	큰대	얻을득		어조사어	이차

대	승		무	유	지	구		아	등
大	乘		無	有	志	求		我	等
큰대	탈승		없을무	있을유	뜻지	구할구		나아	무리등

우	인	여	래	지	혜		위	제	보
又	因	如	來	智	慧		爲	諸	菩
또우	인할인	같을여	올래	슬기지	지혜혜		위할위	모든제	보리보

살		개	시	연	설		이	자	어
薩		開	示	演	說		而	自	於
보살살		열개	보일시	펼연	말씀설		말이을이	스스로자	어조사어

저희들은 부처님으로부터 하루 품삯에 지나지 않는 열반만을 얻고도
크게 얻었다고 생각해서 대승을 구할 마음을 전혀 내지 않았나이다.
게다가 또 저희들은 여래의 지혜 덕택에 모든 보살들에게
대승을 열어 보이고 연설한 적이 있긴 있었지만,

차		무	유	지	원		소	이	자
此		無	有	志	願		所	以	者
이차		없을무	있을유	뜻지	원할원		바소	써이	놈자

하		불	지	아	등		심	요	소
何		佛	知	我	等		心	樂	小
어찌하		부처불	알지	나아	무리등		마음심	좋아할요	작을소

법		이	방	편	력		수	아	등
法		以	方	便	力		隨	我	等
법법		써이	처방방	편할편	힘력		따를수	나아	무리등

설		이	아	등			부	지	진	시
說		而	我	等			不	知	眞	是
말씀설		말이을이	나아	무리등			아닐부	알지	참진	이시

불	자		금	아	등		방	지	세
佛	子		今	我	等		方	知	世
부처불	아들자		이제금	나아	무리등		바야흐로방	알지	세상세

정작 스스로는 조금도 마음으로 대승을 원하지 않았었나이다.
왜냐하면 부처님께서는 저희들이 마음으로 소승법만 좋아하는 것을 아시고
방편력으로써 저희들 근기에 맞게 말씀하셨건만, 저희들이 참으로 부처님 아들인 줄을
미처 깨닫지 못했기 때문입니다. 이제야 바야흐로 세존께서는

존		어	불	지	혜		무	소	린
尊		於	佛	智	慧		無	所	悋
높을존		어조사어	부처불	슬기지	지혜혜		없을무	바소	아낄린

석		소	이	자	하		아	등	석
惜		所	以	者	何		我	等	昔
아낄석		바소	써이	놈자	어찌하		나아	무리등	옛석

래		진	시	불	자		이	단	락
來		眞	是	佛	子		而	但	樂
올래		참진	이시	부처불	아들자		말이을이	다만단	즐길락

소	법	약	아	등			유	낙	대
小	法	若	我	等			有	樂	大
작을소	법법	만약약	나아	무리등			있을유	즐길낙	큰대

지	심	불	즉	위	아			설	대
之	心	佛	則	爲	我			說	大
어조사지	마음심	부처불	곧즉	위할위	나아			말씀설	큰대

부처님 지혜에 대해서 조금도 아낌이 없었다는 것을 똑똑히 알겠나이다.
왜냐하면 저희들은 예로부터 참으로 부처님의 아들이면서도
소승법만 좋아했던 탓이니, 대승법을 좋아하는 마음이
애초에 있었더라면 부처님께서는 저희들을 위해

승	법		어	차	경	중		유	설
乘	法		於	此	經	中		唯	說
탈승	법법		어조사어	이차	경경	가운데중		오직유	말씀설

일	승		이	석	어	보	살	전
一	乘		而	昔	於	菩	薩	前
한일	탈승		말이을이	옛석	어조사어	보리보	보살살	앞전

훼	자	성	문		요	소	법	자
毁	呰	聲	聞		樂	小	法	者
헐훼	헐뜯을자	소리성	들을문		좋아할요	작을소	법법	놈자

연		불	실	이	대	승	교	화
然		佛	實	以	大	乘	敎	化
그러할연		부처불	진실실	써이	큰대	탈승	가르칠교	화할화

시	고	아	등	설		본	무	심	유
是	故	我	等	說		本	無	心	有
이시	연고고	나아	무리등	말씀설		근본본	없을무	마음심	있을유

대승법을 설하셨을 것입니다. 사실 이 경에서도 오직 대승의 일승법만을
거론하시고 있지 않습니까! 그리고 옛날 보살들 앞에서 성문들이 소승법만 좋아한다고
걱정하기도 하셨으니, 참으로 부처님께서는 대승으로써 교화하셨던 것입니다.
그러므로 저희들이 말하기를, '원래는

소	희	구		금	법	왕	대	보
所	悕	求		今	法	王	大	寶
바소	원할희	구할구		이제금	법법	임금왕	큰대	보배보

자	연	이	지		여	불	자		소
自	然	而	至		如	佛	子		所
스스로자	그러할연	말이을이	이를지		같을여	부처불	아들자		바소

응	득	자		개	이	득	지		이
應	得	者		皆	已	得	之		爾
응당히응	얻을득	놈자		다개	이미이	얻을득	어조사지		그이

시		마	하	가	섭		욕	중	선
時		摩	訶	迦	葉		欲	重	宣
때시		갈마	꾸짖을가(하)	막을가	잎엽(섭)		하고자할욕	거듭할중	베풀선

차	의		이	설	게	언		아	등
此	義		而	說	偈	言		我	等
이차	의미의		말이을이	말씀설	게송게	말씀언		나아	무리등

바라는 마음이 아예 없었는데, 지금 법왕의 큰 보배가 저절로
굴러 왔도다. 그러니 이제 부처님의 아들로서 얻어야 할 것을
모두 다 얻었도다.' 한 것입니다."
그때 마하가섭이 거듭 의미를 표현하고자 게송으로 사뢰었다.

금	일		문	불	음	교		환	희
今	日		聞	佛	音	敎		歡	喜
이제 금	날 일		들을 문	부처 불	소리 음	가르침 교		기쁠 환	기쁠 희

용	약		득	미	증	유		불	설
踊	躍		得	未	曾	有		佛	說
뛸 용	뛸 약		얻을 득	아닐 미	일찍 증	있을 유		부처 불	말씀 설

성	문		당	득	작	불		무	상
聲	聞		當	得	作	佛		無	上
소리 성	들을 문		마땅히 당	얻을 득	지을 작	부처 불		없을 무	위 상

보	취		불	구	자	득		비	여
寶	聚		不	求	自	得		譬	如
보배 보	모일 취		아닐 불	구할 구	스스로 자	얻을 득		비유할 비	같을 여

동	자		유	치	무	식		사	부
童	子		幼	稚	無	識		捨	父
아이 동	아들 자		어릴 유	어릴 치	없을 무	알 식		버릴 사	아비 부

저희들은 오늘날 부처님 말씀 듣고 환희심으로 뛸 듯이 좋아서
일찍이 없던 희유함을 느끼나이다. 부처님께서 성문도 성불한다 하시니
최고 값진 보배더미가 구하지 않았는데도 저절로 굴러온 셈입니다.
예컨대 어떤 동자 철이 없을 적에

도	서		원	도	타	토		주	류
逃	逝		遠	到	他	土		周	流
달아날도	갈서		멀원	이를도	다를타	흙토		두루주	흐를류

제	국		오	십	여	년		기	부
諸	國		五	十	餘	年		其	父
모든제	나라국		다섯오	열십	남을여	해년		그기	아비부

우	념		사	방	추	구		구	지
憂	念		四	方	推	求		求	之
근심할우	생각할념		넉사	방위방	추측할추	구할구		구할구	어조사지

기	피		돈	지	일	성		조	립
旣	疲		頓	止	一	城		造	立
이미기	지칠피		그칠돈	그칠지	한일	성성		지을조	설립

사	택		오	욕	자	오		기	가
舍	宅		五	欲	自	娛		其	家
집사	집택		다섯오	욕심욕	스스로자	즐거워할오		그기	집가

아버지와 헤어져 멀리 타관 땅으로 돌고 돌아
오십여 년이나 되었거늘, 그 아버지 근심하며
사방으로 찾아다니다 하도 지쳐서 어느 성에 머물러
큰 집 짓고 오욕락 속에 파묻혀 지내게 되었는데,

거	부		다	제	금	은		자	거
巨	富		多	諸	金	銀		碑	磲
클거	부자부		많을다	모든제	쇠금	은은		옥돌자	옥돌거

마	노		진	주	유	리		상	마
瑪	瑙		眞	珠	琉	璃		象	馬
마노마	마노노		참진	구슬주	유리유	유리리		코끼리상	말마

우	양		연	여	거	승		전	업
牛	羊		輦	輿	車	乘		田	業
소우	양양		손수레연	수레여	수레거	탈승		밭전	업업

동	복		인	민	중	다		출	입
僮	僕		人	民	衆	多		出	入
하인동	종복		사람인	백성민	무리중	많을다		날출	들입

식	리		내	변	타	국		상	고
息	利		乃	遍	他	國		商	估
이자식	이자리		이에내	두루편(변)	다를타	나라국		장사상	값고

그 집은 아주 큰 부자여서 여러 금·은·자거·마노
진주·유리와 코끼리·말·소·양들과 연·가마·수레와
논·밭과 하인들 게다가 문객들까지 수없이 많았으며,
주고받는 이자로 널리 타국과 무역하여 상인과

고	인		무	처	불	유		천	만
賈	人		無	處	不	有		千	萬
장사고	사람인		없을무	곳처	아닐불	있을유		일천천	일만만

억	중		위	요	공	경		상	위
億	衆		圍	繞	恭	敬		常	爲
억억	무리중		두를위	두를요	공손할공	공경할경		항상상	할위

왕	자		지	소	애	념		군	신
王	者		之	所	愛	念		群	臣
임금왕	놈자		어조사지	바소	사랑할애	생각할념		무리군	신하신

호	족		개	공	종	중		이	제
豪	族		皆	共	宗	重		以	諸
호걸호	겨레족		다개	함께공	높을종	무거울중		써이	모든제

연	고		왕	래	자	중		호	부
緣	故		往	來	者	衆		豪	富
인연연	연고고		갈왕	올래	놈자	무리중		호걸호	부자부

고객들도 어디에나 북적대었고, 천만억 사람들이 둘러서서
공경할 뿐 아니라 임금이나 왕족들마저 늘 그를 귀하게 우대했으며,
여러 신하와 명문 호족들도 다 같이 받들고 존경했으니
이런 인연으로 늘 오고가는 손이 많았나이다.

여	시		유	대	력	세		이	년
如	是		有	大	力	勢		而	年
같을여	이시		있을유	큰대	힘력	기세세		말이을이	해년

후	매		익	우	념	자		숙	야
朽	邁		益	憂	念	子		夙	夜
쇠할후	늙을매		더할익	근심할우	생각할념	아들자		일찍숙	밤야

유	념		사	시	장	지		치	자
惟	念		死	時	將	至		癡	子
생각할유	생각할념		죽을사	때시	장차장	이를지		어리석을치	아들자

사	아		오	십	여	년		고	장
捨	我		五	十	餘	年		庫	藏
버릴사	나아		다섯오	열십	남을여	해년		곳집고	곳간장

제	물		당	여	지	하		이	시
諸	物		當	如	之	何		爾	時
모든제	만물물		마땅히당	같을여	어조사지	어찌하		그이	때시

이처럼 부귀하고 큰 세력 있으나 나이 많아서 늙게 되자
아들 생각만 더욱 간절하여 밤낮으로 생각하기를,
'죽을 때는 자꾸 다가오는데 어리석은 자식은 나와 헤어져
벌써 오십여 년이나 되었으니, 창고 안의 재물들을 어쩌면 좋단 말인가!'

궁	자		구	색	의	식		종	읍
窮	子		求	索	衣	食		從	邑
궁할궁	아들자		구할구	찾을색	옷의	먹을식		좇을종	고을읍
지	읍		종	국	지	국		혹	유
至	邑		從	國	至	國		或	有
이를지	고을읍		좇을종	나라국	이를지	나라국		혹혹	있을유
소	득		혹	무	소	득		기	아
所	得		或	無	所	得		飢	餓
바소	얻을득		혹혹	없을무	바소	얻을득		주릴기	주릴아
리	수		체	생	창	선		점	차
羸	瘦		體	生	瘡	癬		漸	次
여윌리	파리할수		몸체	날생	부스럼창	옴선		점점점	버금차
경	력		도	부	주	성		용	임
經	歷		到	父	住	城		傭	賃
지날경	지낼력		이를도	아비부	머물주	성성		품팔이용	품팔이임

> 당시 빈궁한 아들은 옷과 밥을 구하느라 이 마을에서 저 마을로
> 이 나라에서 저 나라로 떠돌며, 얻어먹을 때도 있지만 얻어먹지 못할 때도 많아서
> 굶주리고 야윈 데다가 몸에는 옴과 버짐까지 생겼으니,
> 그렇게 이곳저곳 헤매며 아버지 사는 마을에 이르러

전	전		수	지	부	사		이	시
展	轉		遂	至	父	舍		爾	時
펼 전	구를 전		드디어 수	이를 지	아비 부	집 사		그 이	때 시

장	자		어	기	문	내		시	대
長	者		於	其	門	內		施	大
길 장	놈 자		어조사 어	그 기	문 문	안 내		베풀 시	큰 대

보	장		처	사	자	좌		권	속
寶	帳		處	師	子	座		眷	屬
보배 보	휘장 장		곳 처	스승 사	아들 자	자리 좌		돌아볼 권	무리 속

위	요		제	인	시	위		혹	유
圍	遶		諸	人	侍	衛		或	有
두를 위	두를 요		모든 제	사람 인	모실 시	호위할 위		혹 혹	있을 유

계	산		금	은	보	물		출	납
計	算		金	銀	寶	物		出	內
셀 계	셀 산		쇠 금	은 은	보배 보	만물 물		날 출	들일 납

> 품을 팔아 전전이 생활하다가 우연히 아버지 집에 이르게 되었나이다.
> 때마침 장자는 자기 집안에서 커다란 보배휘장 둘러치고
> 사자좌에 앉아 권속에 둘러싸여 하인들 시중 받거늘,
> 어떤 사람은 금과 은, 각종 보물들을 계산하고

재	산		주	기	권	소		궁	자
財	産		注	記	券	疏		窮	子
재물재	낳을산		물댈주	기록할기	문서권	트일소		궁할궁	아들자

견	부		호	귀	존	엄		위	시
見	父		豪	貴	尊	嚴		謂	是
볼견	아비부		호걸호	귀할귀	높을존	엄할엄		이를위	이시

국	왕		약	시	왕	등		경	포
國	王		若	是	王	等		驚	怖
나라국	임금왕		만약약	이시	임금왕	무리등		놀랄경	두려워할포

자	괴		하	고	지	차		부	자
自	怪		何	故	至	此		覆	自
스스로자	기이할괴		어찌하	연고고	이를지	이차		다시부	스스로자

념	언		아	약	구	주		혹	견
念	言		我	若	久	住		或	見
생각할념	말씀언		나아	만약약	오랠구	머물주		혹혹	볼견

재산 출납 등을 문서에 기록하였나이다. 빈궁한 아들은 훌륭하고 존엄한 아버지를 보고
'저 분은 임금이거나 혹은 임금의 일가쯤 되겠구나.'
놀라고 두려워 혼자 생각하되,
'내가 여기를 도대체 뭣 때문에 왔는가? 만일 오래 있다가

핍	박		강	구	사	작		사	유
逼	迫		強	驅	使	作		思	惟
닥칠핍	닥칠박		굳셀강	몰구	부릴사	지을작		생각할사	생각할유

시	이		치	주	이	거		차	문
是	已		馳	走	而	去		借	問
이시	마칠이		달릴치	달릴주	말이을이	갈거		빌차	물을문

빈	리		욕	왕	용	작		장	자
貧	里		欲	往	傭	作		長	者
가난할빈	마을리		하고자할욕	갈왕	품팔이용	지을작		길장	놈자

시	시		재	사	자	좌		요	견
是	時		在	師	子	座		遙	見
이시	때시		있을재	스승사	아들자	자리좌		멀요	볼견

기	자		묵	이	식	지		즉	칙
其	子		黙	而	識	之		卽	勅
그기	아들자		묵묵할묵	말이을이	알식	어조사지		곧즉	신칙할칙

> 붙들리게 되면 강제로 일을 시킬지도 모르리라.'
> 이렇게 생각하고 정신없이 달아나 가난한 동리를 찾아
> 품팔이를 하고자 하였나이다. 장자는 이때 사자좌에 앉아
> 멀리서 그 아들을 바라보고는 묵묵히 아들임을 직감하고서

사	자		추	착	장	래		궁	자
使	者		追	捉	將	來		窮	子
부릴사	놈자		쫓을추	잡을착	거느릴장	올래		궁할궁	아들자
경	환		미	민	벽	지		시	인
驚	喚		迷	悶	躄	地		是	人
놀랄경	부를환		미혹할미	번민할민	넘어질벽	땅지		이시	사람인
집	아		필	당	견	살		하	용
執	我		必	當	見	殺		何	用
잡을집	나아		반드시필	마땅히당	볼견	죽일살		어찌하	쓸용
의	식		사	아	지	차		장	자
衣	食		使	我	至	此		長	者
옷의	먹을식		하여금사	나아	이를지	이차		길장	놈자
지	자		우	치	협	열		불	신
知	子		愚	癡	狹	劣		不	信
알지	아들자		어리석을우	어리석을치	좁을협	용렬할열		아닐불	믿을신

> 곧 하인을 보내어 데려오게 시켰나이다. 그러자 빈궁한 아들은
> 놀라 소리치고 기절하여 땅에 넘어지며 생각하기를,
> '모르는 사람이 날 잡아가니 반드시 죽이리라. 그깟 의식을 얻으려고
> 뭐 하러 예까지 왔는고?' 장자는 아들이 우치하고 용렬해서

아	언		불	신	시	부		즉	이
我	言		不	信	是	父		即	以
나아	말씀언		아닐불	믿을신	이시	아비부		곧즉	써이

방	편		갱	견	여	인		묘	목
方	便		更	遣	餘	人		眇	目
처방방	편할편		다시갱	보낼견	남을여	사람인		애꾸눈묘	눈목

좌	루		무	위	덕	자		여	가
矬	陋		無	威	德	者		汝	可
난장이좌	좁을루		없을무	위엄위	덕덕	놈자		너여	가히가

어	지		운	당	상	고		제	제
語	之		云	當	相	雇		除	諸
말씀어	어조사지		이를운	마땅히당	서로상	고용할고		제할제	모든제

분	예		배	여	여	가		궁	자
糞	穢		倍	與	汝	價		窮	子
똥분	더러울예		곱배	줄여	너여	값가		궁할궁	아들자

> 자기 말을 믿지 않을 뿐더러 아버지란 사실도 믿지 않을 것을 알고는,
> 곧 방편으로써 다시 다른 사람을 보내었으니 애꾸눈에 키 작고 누추하기 짝이 없는
> 아주 볼품없는 자를 시켜 말하기를, '네가 가서 저기 품팔 데가 있으니
> 함께 가자 하거라. 똥거름이나 치워주면 딴 데보다 곱을 준다고 말하여라.'

문 聞 들을문	지 之 어조사지		환 歡 기쁠환	희 喜 기쁠희	수 隨 따를수	래 來 올래		위 爲 할위	제 除 제할제
분 糞 똥분	예 穢 더러울예		정 淨 깨끗할정	제 諸 모든제	방 房 방방	사 舍 집사		장 長 길장	자 者 놈자
어 於 어조사어	유 牖 창유		상 常 항상상	견 見 볼견	기 其 그기	자 子 아들자		염 念 생각할염	자 子 아들자
우 愚 어리석을우	열 劣 용렬할열		낙 樂 즐길낙	위 爲 할위	비 鄙 더러울비	사 事 일사		어 於 어조사어	시 是 이시
장 長 길장	자 者 놈자		착 著 입을착	폐 弊 해질폐	구 垢 때구	의 衣 옷의		집 執 잡을집	제 除 제할제

빈궁한 아들이 그 말을 듣더니 좋다고 따라와서 똥거름을 치우며
집안 청소 깨끗이 하였나이다. 장자가 창 틈으로 항상 그 아들을 내다보건대
아들이 용렬해서 천한 일 좋아하는 것을 염두에 두고,
이에 때 묻고 더러운 옷으로 갈아입고서

분	기		왕	도	자	소		방	편
糞	器		往	到	子	所		方	便
똥분	그릇기		갈왕	이를도	아들자	곳소		처방방	편할편

부	근		어	령	근	작		기	익
附	近		語	令	勤	作		旣	益
붙을부	가까울근		말씀어	하여금령	부지런할근	지을작		이미기	더할익

여	가		병	도	족	유		음	식
汝	價		幷	塗	足	油		飮	食
너여	값가		아우를병	바를도	발족	기름유		마실음	먹을식

충	족		천	석	후	난		여	시
充	足		薦	席	厚	煖		如	是
찰충	족할족		자리천	자리석	두터울후	따뜻할난		같을여	이시

고	언		여	당	근	작		우	이
苦	言		汝	當	勤	作		又	以
간절할고	말씀언		너여	마땅히당	부지런할근	지을작		또우	써이

거름치는 똥통을 직접 손에 든 채 방편으로 아들 처소에 가까이 다가가
부지런히 일하도록 당부하며 말하되, '이제 너의 품삯도 올려주고
발에 바르는 기름도 줄 것이며 음식도 넉넉하게 주고 자리도 따뜻하게 해주리라.'
다시 간절히 타이르기를, '너는 마땅히 부지런히 일하도록 하여라.'

연	어		약	여	아	자		장	자
軟	語		若	如	我	子		長	者
연할연	말씀어		만약약	같을여	나아	아들자		길장	놈자

유	지		점	령	입	출		경	이
有	智		漸	令	入	出		經	二
있을유	슬기지		점점점	하여금령	들입	날출		지날경	두이

십	년		집	작	가	사		시	기
十	年		執	作	家	事		示	其
열십	해년		잡을집	지을작	집가	일사		보일시	그기

금	은		진	주	파	려		제	물
金	銀		眞	珠	玻	瓈		諸	物
쇠금	은은		참진	구슬주	파려옥파	파려옥려		모든제	만물물

출	입		개	사	령	지		유	처
出	入		皆	使	令	知		猶	處
날출	들입		다개	부릴사	하여금령	알지		오히려유	곳처

또 부드럽게 말을 하되, '너는 마치 나의 자식과 같도다!'
장자가 지혜로워 점차 그로 하여금 출입시키면서 이십 년을 지내도록
집안일을 보살피게 하고, 금·은·진주·파려 등 온갖 보배를 있는 대로 보여주며
주고받는 모든 살림살이도 다 맡아서 처리하게 하였나니,

문	외		지	숙	초	암		자	념
門	外		止	宿	草	庵		自	念
문문	바깥외		그칠지	묵을숙	풀초	암자암		스스로자	생각할념

빈	사		아	무	차	물		부	지
貧	事		我	無	此	物		父	知
가난할빈	일사		나아	없을무	이차	만물물		아비부	알지

자	심		점	이	광	대		욕	여
子	心		漸	已	廣	大		欲	與
아들자	마음심		점점점	이미이	넓을광	큰대		하고자할욕	줄여

재	물		즉	취	친	족		국	왕
財	物		卽	聚	親	族		國	王
재물재	만물물		곧즉	모을취	친할친	겨레족		나라국	임금왕

대	신		찰	리	거	사		어	차
大	臣		刹	利	居	士		於	此
큰대	신하신		절찰	이로울리	살거	선비사		어조사어	이차

그렇지만 아들은 여전히 대문 밖 초가집에 거처하면서 스스로를 가난뱅이라 여겼으며
'아무리 좋은 물건이라도 내 것은 하나도 없도다.'
아버지는 차츰 자식의 마음이 점점 커지는 것을 알고 재물을 물려주고자
친족들과 국왕·대신·찰리·거사들을 모아놓고

대	중		설	시	아	자		사	아
大	衆		說	是	我	子		捨	我
큰대	무리중		말씀설	이시	나아	아들자		버릴사	나아

타	행		경	오	십	세		자	견
他	行		經	五	十	歲		自	見
다를타	갈행		지날경	다섯오	열십	해세		~로부터자	볼견

자	래		이	이	십	년		석	어
子	來		已	二	十	年		昔	於
아들자	올래		이미이	두이	열십	해년		옛석	어조사어

모	성		이	실	시	자		주	행
某	城		而	失	是	子		周	行
아무모	성성		말이을이	잃을실	이시	아들자		두루주	갈행

구	색		수	래	지	차		범	아
求	索		遂	來	至	此		凡	我
구할구	찾을색		드디어수	올래	이를지	이차		무릇범	나아

모든 대중들에게 말하기를, '이 사람은 나의 친아들입니다.
나와 헤어져 다른 곳에 간 지 자그마치 오십 년이나 지났으며
자식을 만난 지도 벌써 이십 년이 되었습니다. 옛적 어느 성에서
이 녀석을 잃어버렸는데 정신없이 돌아다니며 찾다가 지금 이곳에까지 온 것이니,

소	유		사	택	인	민		실	이
所	有		舍	宅	人	民		悉	以
바소	있을유		집사	집택	사람인	백성민		다실	써이

부	지		자	기	소	용		자	념
付	之		恣	其	所	用		子	念
줄부	어조사지		방자할자	그기	바소	쓸용		아들자	생각할념

석	빈		지	의	하	열		금	어
昔	貧		志	意	下	劣		今	於
옛석	가난할빈		뜻지	뜻의	아래하	용렬할열		이제금	어조사어

부	소		대	획	진	보		병	급
父	所		大	獲	珍	寶		幷	及
아비부	곳소		큰대	얻을획	보배진	보배보		아우를병	및급

사	택		일	체	재	물		심	대
舍	宅		一	切	財	物		甚	大
집사	집택		한일	모두체	재물재	만물물		심할심	큰대

나의 모든 소유물과 집이랑 하인 등을 다 그에게
물려주어 쓰고 싶은 대로 마음껏 쓰게 하랍니다.'
'옛날에는 가난하고 뜻도 하열했건만 지금은 아버지 집에서
귀한 보배와 집을 포함한 일체 재물을 죄다 얻었노라.'

환	희		득	미	증	유		불	역
歡	喜		得	未	曾	有		佛	亦
기쁠환	기쁠희		얻을득	아닐미	일찍증	있을유		부처불	또역
여	시		지	아	요	소		미	증
如	是		知	我	樂	小		未	曾
같을여	이시		알지	나아	좋아할요	작을소		아닐미	일찍증
설	언		여	등	작	불		이	설
說	言		汝	等	作	佛		而	說
말씀설	말씀언		너여	무리등	지을작	부처불		말이을이	말씀설
아	등		득	제	무	루		성	취
我	等		得	諸	無	漏		成	就
나아	무리등		얻을득	모든제	없을무	샐루		이룰성	이룰취
소	승		성	문	제	자		불	칙
小	乘		聲	聞	弟	子		佛	勅
작을소	탈승		소리성	들을문	아우제	아들자		부처불	신칙할칙

> 아들은 크게 환희하여 일찍이 없던 희유함을 느꼈나이다.
> 부처님께서도 이와 같으사 저희가 소승을 좋아하는 줄 아시고
> 일찍이 너희들도 성불할 수 있다고 말씀하지 않으신 채, 단순히 저희들에게
> 여러 무루법을 얻어 소승법을 성취한 성문제자라고만 말씀하셨나이다.

아	등		설	최	상	도		수	습
我	等		說	最	上	道		修	習
나아	무리등		말씀설	가장최	위상	길도		닦을수	익힐습

차	자		당	득	성	불		아	승
此	者		當	得	成	佛		我	承
이차	놈자		마땅히당	얻을득	이룰성	부처불		나아	받들승

불	교		위	대	보	살		이	제
佛	敎		爲	大	菩	薩		以	諸
부처불	가르침교		위할위	큰대	보리보	보살살		써이	모든제

인	연		종	종	비	유		약	간
因	緣		種	種	譬	喩		若	干
인할인	인연연		종류종	종류종	비유할비	비유할유		같을약	방패간

언	사		설	무	상	도		제	불
言	辭		說	無	上	道		諸	佛
말씀언	말사		말씀설	없을무	위상	길도		모든제	부처불

부처님께서 저희들에게 최상의 진리를 설하라고 분부하셨으며
이 최상의 진리를 닦으면 반드시 성불한다고 하셔서,
저희는 부처님 가르침을 받드느라 대보살들을 위하여 온갖 인연과
여러 가지 비유와 갖가지 말로써 위없이 높은 진리를 설하곤 하였나이다.

자	등		종	아	문	법		일	야
子	等		從	我	聞	法		日	夜
아들자	무리등		좇을종	나아	들을문	법법		날일	밤야

사	유		정	근	수	습		시	시
思	惟		精	勤	修	習		是	時
생각할사	생각할유		정미할정	부지런할근	닦을수	익힐습		이시	때시

제	불		즉	수	기	기		여	어
諸	佛		卽	授	其	記		汝	於
모든제	부처불		곧즉	줄수	그기	기록할기		너여	어조사어

내	세		당	득	작	불		일	체
來	世		當	得	作	佛		一	切
올내	세상세		마땅히당	얻을득	지을작	부처불		한일	모두체

제	불		비	장	지	법		단	위
諸	佛		秘	藏	之	法		但	爲
모든제	부처불		숨길비	감출장	어조사지	법법		다만단	위할위

많은 불자들이 저희들로부터 법을 듣고 밤낮으로 사색하며 부지런히 가르침을
닦아 익히더니, 당시 모든 부처님들께서 곧 그들에게 수기를 주시되,
'너희들은 앞으로 오는 세상에 마땅히 부처님이 되리라.'
모든 부처님의 비밀스런 법을

보	살		연	기	실	사		이	불
菩	薩		演	其	實	事		而	不
보리보	보살살		펼연	그기	진실실	일사		말이을이	아닐불

위	아		설	사	진	요		여	피
爲	我		說	斯	眞	要		如	彼
위할위	나아		말씀설	이사	참진	중요할요		같을여	저피

궁	자		득	근	기	부		수	지
窮	子		得	近	其	父		雖	知
궁할궁	아들자		얻을득	가까울근	그기	아비부		비록수	알지

제	물		심	불	희	취		아	등
諸	物		心	不	希	取		我	等
모든제	만물물		마음심	아닐불	바랄희	취할취		나아	무리등

수	설		불	법	보	장		자	무
雖	說		佛	法	寶	藏		自	無
비록수	말씀설		부처불	법법	보배보	곳간장		스스로자	없을무

보살들만 위해 참된 실상을 연설해주었을 뿐 어리석게도 저희 자신을 위해서는
참되고 요긴한 이치를 설하지 않은 꼴이 되었으니, 마치 저 빈궁한 아들이 아버지를 가까이 모시고
비록 모든 살림살이를 맡긴 했으나 꿈에도 제 것으로 생각하지 않았던 것처럼,
저희들도 불법의 가장 보배 같은 가르침을 남에게 설하기만 하고

지	원		역	부	여	시		아	등
志	願		亦	復	如	是		我	等
뜻지	원할원		또역	다시부	같을여	이시		나아	무리등

내	멸		자	위	위	족		유	료
內	滅		自	謂	爲	足		唯	了
안내	멸할멸		스스로자	이를위	할위	족할족		오직유	깨달을료

차	사		갱	무	여	사		아	등
此	事		更	無	餘	事		我	等
이차	일사		다시갱	없을무	남을여	일사		나아	무리등

약	문		정	불	국	토		교	화
若	聞		淨	佛	國	土		教	化
만약약	들을문		깨끗할정	부처불	나라국	흙토		가르칠교	화할화

중	생		도	무	흔	락		소	이
衆	生		都	無	欣	樂		所	以
무리중	날생		도무지도	없을무	기뻐할흔	즐길락		바소	써이

직접 내 것으로 삼으려는 원력이 없었으니 저 빈궁한 아들과 진배없었나이다.
저희들은 안으로 번뇌 끊은 것만을 스스로 흐뭇하게 여겨서 오직 그 정도만
최고로 알고 다시 다른 일은 아예 생각지도 못했기에, 저희들은 부처님 세계를
깨끗이 해야 하고 중생을 교화해야 한다는 말씀 듣고서도 도무지 기쁘게 여기지 않았나이다.

자	하		일	체	제	법		개	실
者	何		一	切	諸	法		皆	悉
놈자	어찌 하		한일	모두체	모든제	법법		다개	다실

공	적		무	생	무	멸		무	대
空	寂		無	生	無	滅		無	大
빌공	고요할적		없을무	날생	없을무	멸할멸		없을무	큰대

무	소		무	루	무	위		여	시
無	小		無	漏	無	爲		如	是
없을무	작을소		없을무	샐루	없을무	할위		같을여	이 시

사	유		불	생	희	락		아	등
思	惟		不	生	喜	樂		我	等
생각할사	생각할유		아닐불	날생	기쁠희	즐길락		나아	무리등

장	야		어	불	지	혜		무	탐
長	夜		於	佛	智	慧		無	貪
길장	밤야		어조사어	부처 불	슬기지	지혜혜		없을무	탐할탐

왜냐하면 일체 법은 공적하여 생기거나 사라지는 것도 없고
크고 작은 것도 없으며 번뇌도 없고 함도 없나니
이렇게 생각하자 별로 기꺼운 마음이 들지 않았나이다.
저희들은 오랜 세월 부처님 지혜에 대해 사무치게 탐내거나

무	착		무	부	지	원		이	자
無	著		無	復	志	願		而	自
없을무	잡을착		없을무	다시부	뜻지	원할원		말이을이	스스로자

어	법		위	시	구	경		아	등
於	法		謂	是	究	竟		我	等
어조사어	법법		이를위	이시	궁구할구	다할경		나아	무리등

장	야		수	습	공	법		득	탈
長	夜		修	習	空	法		得	脫
길장	밤야		닦을수	익힐습	빌공	법법		얻을득	벗을탈

삼	계		고	뇌	지	환		주	최
三	界		苦	惱	之	患		住	最
석삼	지경계		괴로울고	괴로워할뇌	어조사지	근심환		머물주	가장최

후	신		유	여	열	반		불	소
後	身		有	餘	涅	槃		佛	所
뒤후	몸신		있을유	남을여	개흙열	쟁반반		부처불	바소

> 집착하지도 않았고 마음으로 더 바라지도 아니한 채
> 스스로 얻은 법만을 구경이라 생각했나이다.
> 저희들이 오랜 세월 공한 법을 닦고 익혀 삼계의 고뇌와
> 근심을 벗어나 최후신의 유여열반 경지에 머물렀으매,

교	화		득	도	불	허		즉	위
敎	化		得	道	不	虛		則	爲
가르칠교	화할화		얻을득	길도	아닐불	빌허		곧즉	할위

이	득		보	불	지	은		아	등
已	得		報	佛	之	恩		我	等
이미이	얻을득		갚을보	부처불	어조사지	은혜은		나아	무리등

수	위		제	불	자	등		설	보
雖	爲		諸	佛	子	等		說	菩
비록수	할위		모든제	부처불	아들자	무리등		말씀설	보리보

살	법		이	구	불	도		이	어
薩	法		以	求	佛	道		而	於
보살살	법법		써이	구할구	부처불	길도		말이을이	어조사어

시	법		영	무	원	락		도	사
是	法		永	無	願	樂		導	師
이시	법법		길영	없을무	원할원	즐길락		이끌도	스승사

부처님의 교화를 입고 헛되지 않게 진리를 얻은 것이니,
곧 이미 진리를 깨달았으므로 부처님 은혜에 보답한 것이라 여겼던 것입니다.
저희들은 많은 불자들에게 보살법에 대해 말해주어
불도를 구하도록 했으면서도 정작 그 법을 전혀 원치 않았나이다.

見	捨		觀	我	心	故		初	不
볼견	버릴사		볼관	나아	마음심	연고고		처음초	아닐불

勸	進		說	有	實	利		如	富
권할권	나아갈진		말씀설	있을유	진실실	이로울리		같을여	부자부

長	者		知	子	志	劣		以	方
길장	놈자		알지	아들자	뜻지	용렬할열		써이	처방방

便	力		柔	伏	其	心		然	後
편할편	힘력		부드러울유	엎드릴복	그기	마음심		그러할연	뒤후

乃	付		一	切	財	物		佛	亦
이에내	줄부		한일	모두체	재물재	만물물		부처불	또역

> 도사께서 그냥 내버려두신 것은 저희의 마음을 관하여 잘 아셨기 때문이니,
> 그래서 처음부터 실다운 이익이 있다고 말해서 나아가도록 권장하지 아니하셨던 것입니다.
> 마치 부유한 장자가 아들의 뜻이 하열함을 알고 방편의 힘으로
> 그 마음을 부드럽게 조복한 다음에야 모든 재물을 물려준 것과 마찬가지로,

여	시		현	희	유	사		지	요
如	是		現	希	有	事		知	樂
같을여	이시		나타날현	드물희	있을유	일사		알지	좋아할요

소	자		이	방	편	력		조	복
小	者		以	方	便	力		調	伏
작을소	놈자		써이	처방방	편할편	힘력		고를조	엎드릴복

기	심		내	교	대	지		아	등
其	心		乃	敎	大	智		我	等
그기	마음심		이에내	가르칠교	큰대	슬기지		나아	무리등

금	일		득	미	증	유		비	선
今	日		得	未	曾	有		非	先
이제금	날일		얻을득	아닐미	일찍증	있을유		아닐비	먼저선

소	망		이	금	자	득		여	피
所	望		而	今	自	得		如	彼
바소	바랄망		말이을이	이제금	스스로자	얻을득		같을여	저피

부처님께서도 이와 같이 희유한 일을 나투사 저희가 소승법을 좋아하는 것을 아시고
방편의 힘으로 마음을 조복하신 뒤에야 대승의 지혜를 가르쳐 주셨나이다.
저희들은 오늘에야 일찍이 없던 희유함을 느끼며
애초 바라지도 않았던 것을 지금 저절로 얻게 되었으니,

궁	자		득	무	량	보		세	존
窮	子		得	無	量	寶		世	尊
궁할궁	아들자		얻을득	없을무	헤아릴량	보배보		세상세	높을존
아	금		득	도	득	과		어	무
我	今		得	道	得	果		於	無
나아	이제금		얻을득	길도	얻을득	실과과		어조사어	없을무
루	법		득	청	정	안		아	등
漏	法		得	淸	淨	眼		我	等
샐루	법법		얻을득	맑을청	깨끗할정	눈안		나아	무리등
장	야		지	불	정	계		시	어
長	夜		持	佛	淨	戒		始	於
길장	밤야		가질지	부처불	깨끗할정	지킬계		처음시	어조사어
금	일		득	기	과	보		법	왕
今	日		得	其	果	報		法	王
이제금	날일		얻을득	그기	실과과	갚을보		법법	임금왕

> 저 빈궁한 아들이 한량없는 보배를 얻은 경우와 다름없나이다.
> 세존이시여! 저희는 지금 도를 얻고 과위를 얻어서
> 무루법에 대해 청정한 안목을 얻었나니, 저희들은 오랜 세월 동안
> 부처님의 깨끗한 계율을 지킨 끝에 비로소 오늘날 그 과보를 얻게 된 것이며,

법	중		구	수	범	행		금	득
法	中		久	修	梵	行		今	得
법법	가운데 중		오랠 구	닦을 수	깨끗할 범	행할 행		이제 금	얻을 득

무	루		무	상	대	과		아	등
無	漏		無	上	大	果		我	等
없을 무	샐 루		없을 무	위 상	큰 대	실과 과		나 아	무리 등

금	자		진	시	성	문		이	불
今	者		眞	是	聲	聞		以	佛
이제 금	놈 자		참 진	이 시	소리 성	들을 문		써 이	부처 불

도	성		영	일	체	문		아	등
道	聲		令	一	切	聞		我	等
길 도	소리 성		하여금 영	한 일	모두 체	들을 문		나 아	무리 등

금	자		진	아	라	한		어	제
今	者		眞	阿	羅	漢		於	諸
이제 금	놈 자		참 진	언덕 아	새그물 라	한수 한		어조사 어	모든 제

법왕의 법 가운데 오래도록 깨끗한 범행을 닦아서 이제야 무루의
위없이 높고 큰 과위를 얻게 되었나이다. 저희들은 지금에서야
참된 성문이니, 불도의 소리로써 일체 중생들로 하여금
듣게 하겠나이다. 저희들은 지금에서야 참된 아라한이니,

세	간		천	인	마	범		보	어
世	間		天	人	魔	梵		普	於
세상세	사이간		하늘천	사람인	마귀마	하늘범		널리보	어조사어

기	중		응	수	공	양		세	존
其	中		應	受	供	養		世	尊
그기	가운데중		응당히응	받을수	이바지할공	기를양		세상세	높을존

대	은		이	희	유	사		연	민
大	恩		以	希	有	事		憐	愍
큰대	은혜은		써이	드물희	있을유	일사		불쌍할연	가엾을민

교	화		이	익	아	등		무	량
敎	化		利	益	我	等		無	量
가르칠교	화할화		이로울이	더할익	나아	무리등		없을무	헤아릴량

억	겁		수	능	보	자		수	족
億	劫		誰	能	報	者		手	足
억억	겁겁		누구수	능할능	갚을보	놈자		손수	발족

> 모든 세간의 하늘천신과 사람과 마구니와 범천 등
> 널리 그 가운데에서 응당 공양 받을 만하나이다.
> 세존의 크신 은혜 드물게 희유한 일로써 대비로 교화하시어 저희들을
> 이익되게 하시니 무량억 겁에 누가 능히 그 은혜를 갚을 수 있으리까!

공	급		두	정	예	경		일	체
供	給		頭	頂	禮	敬		一	切
이바지할공	줄급		머리두	정수리정	예도예	공경할경		한일	모두체

공	양		개	불	능	보		약	이
供	養		皆	不	能	報		若	以
이바지할공	기를양		다개	아닐불	능할능	갚을보		만약약	써이

정	대		양	견	하	부		어	항
頂	戴		兩	肩	荷	負		於	恒
정수리정	일대		두양	어깨견	짊어질하	질부		어조사어	항상항

사	겁		진	심	공	경		우	이
沙	劫		盡	心	恭	敬		又	以
모래사	겁겁		다할진	마음심	공손할공	공경할경		또우	써이

미	선		무	량	보	의		급	제
美	饍		無	量	寶	衣		及	諸
아름다울미	반찬선		없을무	헤아릴량	보배보	옷의		및급	모든제

> 손과 발 공양하여 바치고 머리 숙여 예경드리며
> 일체 온갖 것으로 공양드린다 해도 그 은혜 다 갚을 수 없으며,
> 머리 위에 이고 두 어깨에 업고 다니면서 항하의 모래알처럼
> 오랜 세월 정성껏 공경하고 맛좋은 음식과 한량없는 보배옷

와	구		종	종	탕	약		우	두
臥	具		種	種	湯	藥		牛	頭
누울 와	갖출 구		종류 종	종류 종	끓인물 탕	약 약		소 우	머리 두

전	단		급	제	진	보		이	기
栴	檀		及	諸	珍	寶		以	起
단향목 전	단향목 단		및 급	모든 제	보배 진	보배 보		써 이	일어날 기

탑	묘		보	의	포	지		여	사
塔	廟		寶	衣	布	地		如	斯
탑 탑	사당 묘		보배 보	옷 의	베풀 포	땅 지		같을 여	이 사

등	사		이	용	공	양		어	항
等	事		以	用	供	養		於	恒
무리 등	일 사		써 이	쓸 용	이바지할 공	기를 양		어조사 어	항상 항

사	겁		역	불	능	보		제	불
沙	劫		亦	不	能	報		諸	佛
모래 사	겁 겁		또 역	아닐 불	능할 능	갚을 보		모든 제	부처 불

> 좋은 침구와 여러 가지 탕약으로 공양드리며, 우두전단향과
> 여러 진귀한 보배로 탑을 세우고 보배옷을 땅에 펼치는 등
> 이러한 온갖 것으로 항하의 모래알처럼 오랜 겁 동안
> 공양하더라도 다 갚을 수 없나이다.

희	유		무	량	무	변		불	가
希	有		無	量	無	邊		不	可
드물 희	있을 유		없을 무	헤아릴 량	없을 무	가 변		아닐 불	가히 가

사	의		대	신	통	력		무	루
思	議		大	神	通	力		無	漏
생각할 사	의논할 의		큰 대	신통할 신	통할 통	힘 력		없을 무	샐 루

무	위		제	법	지	왕		능	위
無	爲		諸	法	之	王		能	爲
없을 무	할 위		모든 제	법 법	어조사 지	임금 왕		능할 능	위할 위

하	열		인	우	사	사		취	상
下	劣		忍	于	斯	事		取	相
아래 하	용렬할 열		참을 인	어조사 우	이 사	일 사		취할 취	모양 상

범	부		수	의	위	설		제	불
凡	夫		隨	宜	爲	說		諸	佛
무릇 범	지아비 부		따를 수	마땅할 의	위할 위	말씀 설		모든 제	부처 불

모든 부처님 희유하사 무량무변의 불가사의한 큰 신통력 있으시며
번뇌 없고 함이 없는 모든 법의 왕이시건만,
하열한 자를 위하여 일승의 가르침을 참고 말씀하지 않으신 채
상에 매인 범부중생들의 근기에 맞게 설법하셨나이다.

어	법		득	최	자	재		지	제
於	法		得	最	自	在		知	諸
어조사어	법법		얻을득	가장최	스스로자	있을재		알지	모든제

중	생		종	종	욕	락		급	기
衆	生		種	種	欲	樂		及	其
무리중	날생		종류종	종류종	욕심욕	즐길락		및급	그기

지	력		수	소	감	임		이	무
志	力		隨	所	堪	任		以	無
뜻지	힘력		따를수	바소	견딜감	맡길임		써이	없을무

량	유		이	위	설	법		수	제
量	喩		而	爲	說	法		隨	諸
헤아릴량	비유할유		말이을이	위할위	말씀설	법법		따를수	모든제

중	생		숙	세	선	근		우	지
衆	生		宿	世	善	根		又	知
무리중	날생		묵을숙	세상세	착할선	뿌리근		또우	알지

모든 부처님들께서 법에 자재하시어
중생들의 온갖 욕망과 의지력을 아시고
중생이 감당할 수 있는 정도에 맞게 한량없는 비유로
법을 설하시되, 여러 중생들 숙세의 선근을 따라서

성	숙		미	성	숙	자		종	종
成	熟		未	成	熟	者		種	種
이룰성	익을숙		아닐미	이룰성	익을숙	놈자		종류종	종류종

주	량		분	별	지	이		어	일
籌	量		分	別	知	已		於	一
셀주	헤아릴량		나눌분	나눌별	알지	마칠이		어조사어	한일

승	도		수	의	설	삼			
乘	道		隨	宜	說	三			
탈승	길도		따를수	마땅할의	말씀설	석삼			

성숙한 근기와 그렇지 못한 근기 살피시어
갖가지로 헤아리고 분별하여 아시고는
근기에 맞게 일승도를 삼승으로 설하셨나이다.

혜조惠照 스님

공주사대 독어과 졸업 후 출가.
봉녕사 강원 졸업.
동국대학교 대학원 박사과정 수료.
대한불교조계종 총무원 문화국장 역임.
저서 및 논문으로『우리말 법화삼부경』,『우리말 법화경 사경』(전5권),『행복을 부르는 법화경 사경』(전7권),『운명을 바꾸는 법화경 사경』(전7권),『독송용 우리말 법화경』,『너를 위해 밝혀둔 작은 램프 하나』(시집),『엉겅퀴 붉은 향』(시집),「연기법에 의한 공사상과 중도론 연구」(논문) 등이 있다.

행복을 부르는 법화경 사경 2

발행일 2024년 7월 15일
옮긴이 혜조 | **펴낸이** 김시열
펴낸곳 도서출판 운주사

(02832) 서울시 성북구 동소문로 67-1 성심빌딩 3층
전화 (02) 926-8361 | 팩스 (0505) 115-8361
ISBN 978-89-5746-789-3　03220　값 10,000원
http://cafe.daum.net/unjubooks (다음 카페: 도서출판 운주사)